순간이 묻고
생각이 답하다

온전한 나로 살기 위한 작은 깨달음

순간이 묻고 생각이 답하다

박희재

55˚

MOMENT
4

한 번 더 생각하다

MOMENT
5

울컥 올라오다

MOMENT 6

잠시 숨을 고르다

MOMENT 7

다시 용기를 내다

EPILOGUE

더 멋진 순간을 빚어낼
장인의 탄생을 기다리며

•

270

당신에게서 비범함을 발견하는 과정이
곧 당신의 삶이다

얼핏 보면 평범한데 자세히 보니 비범하다. 평범한 것, 비범한 것, 평범한 사람, 비범한 사람 따로 있는 것이 아니라는 것, 최근 깨달은 가장 소중한 점이다. 모두 한 땅에서 한 우물 먹고 자란다. 비범한 것은 존재하는 것이 아니라 발견하는 것… 그러므로 정작 비범한 것은 발견이다. 발견의 어머니는 당연, 자세히 보는 것이다.

그 비밀을 깨달은 순간, 나도 비범한 순간이 있었을까 하는 의문을 품었다. 비범했던 순간의 나와 만나고 싶다. 남들은 그 또한 평범하다 할지라도…. 나는 언제 비범했을까? 어린 시절부터 최근까지의 기억을 거슬러 올라가보았다. 기억나는 몇 가지 일들을 돌이키면서 아무렇게나 방치되어 왜바람 부는 날 눈보라처럼 휘날리고 있었던 많은 평범함 중에서 이름을 달아줄 만한 몇 가지를 발견했다.

비범한 자신을 찾아보시길. 비범함은 자세히 봐야 찾아지는 발견 과정이며 삶의 여정에서 번뜩이던 자신의 순간들을 만나는 것이다. 만날 때마다 꼭 메모하시길. 메모가 없으면 비범했던 순간은 어느새 평범한 모습으로 사라지며 비범한 자신과 헤어지게 된다. 명심하시길! 지금 헤어지면 다시는 못 만날지도 모른다. 티끌처럼 모아진 나의 비범함은 더는 에피소드가 아니다. 흐르는 강물이다.

2022년 5월 어느 날
박희재

MOMENT

1

문득
깨닫
다

창문이라고 쓰고,
벽이라고 읽지 마라

●
●

창문은 열기 위해서 만들어졌다. 물론 필요에 따라서다. 그러므로 창문은 열릴 때 제맛이다. 열리는 모양이나 방향은 다양하다. 한 방향, 양방향, 위로, 아래로, 미닫이, 여닫이 등 용도에 따라 기호에 따라 각양각색이다. 모두가 한자리씩 차지하고 한껏 멋을 부리고 있다. 공통점은 열린다는 것이다. 절대로 열지 못하는 창문이 있다면 그것은 벽이다.

'내 귀는 소라껍질 파도 소리를 듣는다.'

프랑스 시인 장 콕토의 시 '귀'다. 시의 일부분이 아니라 시의 전문이다.

'귀와 조개껍질과의 유사점에서 출발하여, 그 조개껍질이 파도 소리

13

로 이어지고, 다시 그 파도 소리로부터 자연스럽게 귀로 돌아오는 원
환적 구성을 이루고 있는….'

이 시를 대하는 보편적 평론이다. '참다운 시인은 죽은 사람과 같아
산 사람에게는 보이지 않는다', '나는 항상 진리를 말하는 허위다', '나는
낙관적인 비관론자다' 등은 장 콕토의 어록들이다. 보다시피 장 콕토의
언어는 예사롭지 않다.

파리의 명문가에서 유복하게 태어난 장 콕토는 십 대에 시집을 내고
주목을 받았다. 학교를 길게 다니지는 않았지만 다재다능하여 미술, 연
극, 영화, 발레 등 다양한 분야에서 활동하며 피카소, 모딜리아니 등과 친
분을 쌓았고, 동성애자였다고 한다. 그의 표현대로 보통 사람은 아닌 듯
하다. '초현실주의'에 바탕을 둔 작가이니만큼 이 프랑스인의 정신세계를
이 자리에서 다 이해하고자 하는 것은 무모해 보인다.

'Open'은 자신을 낮추고 드러내는 것에서 시작

여기에서는 있는 그대로의 언어에 집중해서 그의 시 기저에 깔린 'Open'
의 의미를 더듬어보자. '소라껍질'은 자신의 내장을 완전히 덜어낸 상태
다. 새로운 것을 담아내기 위하여 자신을 죽인 것이다. 그리고 파도 소리
를 듣는다. 전혀 경계하는 기색이 없다. 두려워하지도 않는다. 틀린 것이
아니라 다름의 차이를 인정하고 더불어 살기 위해 있는 그대로의 파도

소리를 여과 없이 받아들이고 있다. 이것은 Open의 첫 번째 의미 '열린 마음'이다.

우리는 어떨까? 우리는 흔히 보이는 것의 이면을 보고자 애를 쓴다. 물론 그렇지 않은 사람도 있겠지만 들리고 보이는 것을 곧이곧대로 듣고 보기보다는 그것의 숨은 의미를 헤아리고자 양미간을 찌푸리며 힘을 모은다. 그렇다 하더라도 다 헤아려지는 것은 아니다. 흔히 말하는 진정성은 그리 쉽게 우리에게 자신의 모습을 드러내지 않는다. 우리가 생각하는 것보다 훨씬 꼭꼭 숨어서 산다. 그래서 온통 세상은 진정성에 관한 '숨은그림찾기'에 분분하다.

왜 그럴까? 두렵기 때문이다. 드러내면 약해지고 자신의 약한 모습을 본 상대방은 강해질 것이라고 믿는다.

하지만 진정한 'Open'의 의미는 자신을 드러내고 낮추는 것에서 시작해야 한다. 자신을 소라껍질처럼 비워내고 남을 담는 것이다. 좀더 낮아져서 평지에 도달하면 내려갈 곳이 없다. 벽도, 담장도, 시비도, 갈등도 없다. 더는 켕길 것이 없기 때문이다.

그뿐만 아니라 낮은 곳에서 자신을 드러내면 적이 아니라 벗이 다가온다. 상대를 통해 내가 무엇을 강화해야 하는가를 알게 되고, 과거엔 부족한 자기 자신을 감추는 데에 온 힘을 쏟아부었을 부질없는 품들이 이제는 자신을 강화하는 귀중한 에너지로 승화된다. 이렇듯 누가 먼저랄 것 없이 마음을 열면 우리의 몸과 마음은 거리낌없이 건강해진다.

'Open'은 새로운 싸움터를 나아가는 첫 발자국

'Open'의 두 번째 의미는 도전이다. 나를 새로운 싸움터로, 새로운 파도 소리가 들리는 환경으로 내모는 것이다. 사통팔달 열려 있는 세상에서 안방만을 지키고 앉아 있다는 것은 이미 그 자체로 지는 것이다. 생명체가 아니라 나아갈 동력이 고갈되어 관성으로 움직이는 하나의 물체에 불과하다.

여기서 우리는 도전과 무모함을 구별해야 한다. 의미 없는 무모함은 금물이다. 사전에 충분히 준비해야 한다. 23번 싸워서 23번 이긴 사람은? 바로 이순신 장군이다. 우연일까? 아니다. 이순신 장군은 철저하게 준비를 했다. 적에 대한 완벽한 통찰과 모든 경우의 수를 읽는 혜안으로 그야말로 먼저 이기고 후에 싸운 것이다. 어떻게 전쟁에서 먼저 이길 수 있겠는가? 그만큼 철두철미하게 준비하여 이기는 싸움만 선택했다는, 사실상 후세의 사가들에 의한 결과론적 평가다.

과감함도 필요하다. 자신의 벽을 허물고 더 크고 넓은 곳을 향할 때 지나친 경계는 내 발을 묶는 올가미가 될 수도 있다. 올가미를 씌우고 걸어가는 순간, 내 앞을 기다리는 것은 미래가 아니라 내가 걸어왔던 길을 다시 걷게 되는 과거의 환영이다.

세상은 내 해변에 뒹구는 모래알갱이일 뿐

이즈음 칼릴 지브란이 『모래, 물거품』에서 유려한 문체로 그려낸 추상적인 기상을 한번 음미해볼 필요가 있겠다.

> '우리가 살고 있는 세계는 무한한 바다! 우리는 그 끝없는 해안에 뒹구
> 는 모래알갱이 하나에 불과하다. 아니다. 바로 우리 자신이 무한한 바다
> 다. 그리고 모든 세상이 우리의 해변에 뒹구는 모래알갱이일 뿐이다.'

칼릴 지브란은 인류의 평화와 화합, 레바논의 종교적 단합을 호소한 작가로도 유명한데 일생을 아랍과 비아랍, 이슬람과 기독교, 레바논과 뉴욕 등 이질적인 두 세계를 넘나들면서 특유의 이중적 세계관으로 전 세계의 독자들에게 시공을 초월하는 진실한 이야기를 전달했다.

그에 따르면 내가 아니라 이 세상이 내 해변에 뒹구는 모래알갱이라는 것이다. 가히 하늘을 찌르는 자신감이다. 두려움을 떨치고 자기 확신을 갖는 것이 중요하다. 자신감은 성공 체험에서 오는 감정으로, 이겨본 사람이 또 이기는 원동력으로 작용된다.

당신들과 나는 과연 자신의 잠재력을 얼마나 발휘하며 살고 있을까? 자신을 가두고 있는 벽을 허물어야 한다. 위대한 인간에게 '여기까지'라는 것은 존재하지 않는다. '여기서부터'라는 것만 존재할 뿐이다. 만약 '여기까지'라는 것이 존재한다면 그것은 자신이 만들어낸 허상이며 가상의 벽이다. 만든 것이 자신이니 깨는 것도 자신일 수밖에 없다.

존재하지도 않는 가상의 벽 앞에서 멈춘다는 것은 생각만 해도 억울하고 어이없는 일이 아닌가? 자전거를 처음 배울 때 어느 순간이 되면 이

미 자전거를 혼자서 탈 수 있는 능력이 생겨 있다. 본인만 모르고 있다. 그래서 연신 뒤돌아보며 거듭 확인한다. 뒤에서 잡고 있는 손을 놓지 말라고. 이미 놓았고 혼자서도 잘 가고 있으면서 말이다.

Perhaps love is like a window

아마도 사랑은 창문 같아요.

Perhaps an open door

열린 문처럼

It invites you to come closer

사랑은 당신에게 더 가까이 오라고 하죠.

1981년 존 덴버와 플레시도 도밍고가 만나 〈Perhaps Love〉를 발표했다. 올드팝이지만 명곡이다. 너무나 아름다운 사랑 이야기에 창문이 나온다. 그리고 사랑은 아마도 창문 같은 것이라고 한다. 물론 열린 창문이다. 열린 창문은 사랑도 가까이 다가서게 하는 마력이 있다. 이러할진데 누가 창문을 무시할 수 있을까. 두 거장의 놀라운 서정의 힘을 빌려 우리 모두 도저히 침묵할 수 없는 질문을 해보는 것은 어떨까?

가슴을 펴고 창문을 열어라

자! 이제 가슴을 펴고 창문을 열자. 우선은 사방을 둘러보자. 혹시 벽이

된 창문은 없는지, 빼꼼히 열까 말까 망설이는 창문, 조심스러워 반쯤만 열려 있는 창문, 오랫동안 열지 않아 뽀얗게 먼지 쌓인 창문 모두 활짝 열어젖히자. 그리고 혹시 마음속 깊은 곳에 꼭꼭 숨겨둔 창문이 있다면, 바로 지금이다. 활짝 열어젖히기를 바란다.

　어린 시절, 이가 흔들렸던 경험은 누구나 있을 것이다. 신경쓰여 헛바닥으로 계속 흔들리는 이를 만지작거리게 된다. 어느 순간 흔들리다 못해 좌우로 드러눕다시피 한다. 하지만 쉽게 빠지지는 않는다. 결국은 어머니의 몫이다. 몇 번의 줄다리기 끝에 뾰족한 수가 없음을 깨닫는다. 자포자기의 심정으로 타협점이 모색되면 실을 묶어 잡아당긴다. 극도의 공포가 엄습하는 순간, 매달린 이는 허공을 가르고 지리한 싸움은 끝이 난다. 시원하기 짝이 없다. 내가 뭔가 해낸 것이 분명하다. 창문을 연다는 것은 바로 이런 것이다.

관찰하기를
또 관찰하기

●
●

관찰은 문학을 낳기도 하지만 발명을 낳기도 한다. 작가의 관찰은 리얼리티를 낳고 엔지니어의 관찰은 문명을 낳는다. 관찰의 실마리는 산문문학의 예술성을 높여 인간 산문으로 불리는 이효석의 『메밀꽃 필 무렵』에서 찾았다.

'산허리는 온통 메밀밭이어서 피기 시작한 꽃이 소금을 뿌린 듯이 흐뭇한 달빛에 숨이 막힐 지경이다.'

봉평에서 나고 자란 이효석은 수없이 많은 밤에 메밀밭을 바라보았을 것이다. 보기를 또 보고 관찰하기를 또 관찰했을 것이다. 한 달이면 달빛이 훤한 날이 며칠이나 되었을까…. 이 한 줄을 쓰기 위한 작가의 시선은 날카롭고 집요했다. 달빛이 훤한 날을 기다려 마치 자객처럼 숨죽이고 타겟을 응시하고 있었을 것이다.

이 소설의 배경은 봉평이다. 허 생원과 성서방네 처녀 그리고 아들일지도 모를 동이의 이야기. 그들이 달밤에 나귀를 끌며 걸었던 메밀밭 오솔길을 이효석은 얼마나 걷고 또 걸었을까?

또 다른 메밀밭을 한번 따라가보자. 황순원의 메밀밭은 어떤 모습일까? 그의 소설 『소나기』에서 만났다.

> '메밀밭이다. 전에 없이 메밀꽃 냄새가 짜릿하게 코를 찌른다고 생각됐다. 미간이 아찔했다. 찝찔한 액체가… 거기서부터 산 밑까지는 밭이었다. 수숫단을 세워 놓은 밭머리를 지났다.'

이 소설은 소년의 관점으로 쓰였기 때문에 메밀의 향이 코를 찌르고, 아찔하고, 찝찔하다는 등 소년이 느꼈을 법한 표현으로 묘사됐다. 장돌뱅이로 살아오면서 인생의 쓴맛과 단맛을 다 맛본 허 생원과 이성에 첫눈을 뜬 풋풋한 소년의 느낌은 다르겠지만 기본적으로 메밀밭은 사람의 감수성을 자극하는 매개체다. 메밀밭을 지나면서 무르익은 분위기는 작가의 의도대로 이야기를 진전시키기에 안성맞춤이다.

한국을 대표하는 근대 문인들은 많은 지형지물 중에서도 메밀밭을 선호했다. 모르긴 해도 밤이든 낮이든 메밀밭을 관통하며 형성된 분위기는 작가의 다음 행보에 자유자재의 선택권을 주는 어떤 힘이 있는 듯하다. 한국인의 메밀밭은 묵이나 막국수보다도 감칠맛 나는 이야깃거리를 만든다. 장소는 서로 다르다. 이효석은 봉평이고 황순원은 양평이다. 공통점은 둘 다 '평'이다.

논점으로 돌아오면 『메밀꽃 필 무렵』에 나오는 '피기 시작한 꽃이 소금을 뿌린 듯이'라는 표현은 가히 절색이라고 하지 않을 수 없다. 꽃을 묘사하는데 소금을 들먹인다. 이효석은 꽃과 소금, 이 부적절한 조합을 세상에서 가장 잘 어울리는 대체불가의 조합으로 만들어버렸다.

이런 직유를 할 수 있다는 것은 '관찰하기'의 힘이다. 보고 또 보고, 관찰하기를 또 관찰해봐야 이런 명구절이 나오는 것이다. 달빛에 반사된 메밀꽃을 하염없이 바라보노라니 마치 어머니가 얼갈이배추를 두 손으로 비틀어 잡아 빨래 짜듯 한 토막씩 돌려 끊은 뒤 빨간 대야에 담고 물한 줌, 소금 한 줌 흩뿌리는 모습이 절묘하게 오버랩된다.

'관찰하기를 또 관찰하기'는 비단 작가에게만 필요한 것은 아니다. 작가가 낳은 리얼리티는 훌륭한 문학이 되고 엔지니어가 낳은 발명은 인류 문명을 앞당길 것이다. 바야흐로 4차 산업혁명 시대를 맞이해 현대의 각 분야 고수들의 관찰하기는 더욱더 치열해질 전망이다.

'미래에 대한 우리의 감정을 되돌아보면 개인, 그리고 하나의 문명으로써 우리가 누구인지 알 수 있다. 우리는 정체, 즉 규제되고 계획된 세상을 추구하는가? 아니면 역동적인 세상, 즉 끊임없는 창조와 발견과 완성의 세계를 포용하는가? 우리는 안정과 통제를 중시하는가? 아니면 진화와 학습을 중시하는가? 우리는 중앙 통제가 있어야 진보가 가능하다고 믿는가? 아니면 진화와 같은 분산된 진보를 믿는가? 우리는 실수를 영원한 재앙으로 여기는가? 아니면 실험의 자연스러운 부산물이며 충분히 바로잡을 수 있는 것으로 생각하는가? 우리는 예측 가능한 것을 믿는가? 아니면 예기치 못한 것을 즐기는가? 이런 두 극단, 정체와 역동이 우리의 정치적, 지적, 문화적 풍경을 조성하고 있다.'

버지니아 포스트렐의 『미래와 그 적들』의 한 대목이다. 저자는 누가 미래의 리더인가? 누가 미래의 적인가? 당신은 안정론자인가? 변화 지향적인가? 버지니아 포스트렐은 전통적인 좌우의 대립을 넘어서서 사회적 변화를 거부하는 개인이나 집단은 모두 미래의 적이라 규정했다. 또 정치, 경제, 사회, 과학기술, 경영 전반에 걸쳐 보다 나은 미래와 혁신을 위해 진보와 보수, 좌파와 우파가 어떻게 처신하고 있는지를 흥미롭게 분석했다.

지금은 정체와 역동의 두 극단이 우리의 지적이고, 문화적 환경을 조성하고 있다. 이 시대의 두 극단은 우리의 선택을 강요하고 있다. 이러한 관점으로 보면 우리의 끊임없는 관찰은 창조와 발견과 완성의 경지로 나아갈 것이며 실험을 통한 착오를 기꺼이 받아들이고 예기치 못한 것을 즐기는 긍정적 시선이다.

특히 지금의 자리에서 안주하려는 나를 독려하고, 다시 나를 찾아가는 여정을 재촉하기 위해선 무엇이든 자세히 볼 필요가 있다. 관찰하기를 또 관찰해야 하는 것이다. 메밀꽃 사이사이로 달빛에 반사된 빛이 각진 소금에 부딪히며 예리한 각도로 꺾일 때까지, 우리는 온전히 나만을 위한 시간을 가지고 자신을 관찰해야 한다. 그래야 의미 있는 다음 걸음을 내디딜 수 있는 것이다.

그렇다면 '피기 시작한 꽃이 소금을 뿌린 듯이'의 필연성을 살리기 위해 직전 구절 작가의 관찰하기를 주목해보자.

'이지러는 졌으나 보름을 갓 지난 달은 부드러운 빛을 흔붓이 흘리고 있다. 대화까지는 칠십 리의 밤길, 고개를 둘이나 넘고 개울을 하나 건너고, 벌판과 산길을 걸어야 된다. 길은 지금 산허리에 걸려 있다. 밤중을 지난 무렵인지 죽은 듯이 고요한 속에서 짐승 같은 달의 숨소리가 손에 잡힐 듯이 들리며, 콩 포기와 옥수수 잎새가 한층 달에 푸르게 젖었다. 산허리는….'

분위기는 꽉 차 있었다. 보름을 갓 지난 달은 살짝 무너져서 완벽한 둥근달은 아니었다. 아직 갈 길은 한창이고 산길의 고요함은 달의 숨소리를 느낄 만큼 적막했다. 금방이라도 무슨 일이 벌어질 듯한 완벽한 분위기다. 작가는 분명 엄청난 어떤 일을 도모하고자 하는 것이 분명하다. 관찰하기를 또 관찰한 작가의 시선이 흔붓이 느껴진다. 그리고 한 구절 한 구절이 소금처럼 짜다.

전세역전,
열쇠는 하프타임

2022년 1월 6일 새벽, 첼시와 토트넘은 카라바오컵 4강 1차전에서 격돌했다. 팽팽할 것이라는 예상은 호루라기를 부는 순간 깨졌다. 첼시의 일방적인 경기였다. 전반전 2대 0, 점유율 8대 2, 그야말로 일방적인 경기였다.

그러나 후반전은 토트넘이 완전히 달라져 돌아왔다. 경기는 토트넘이 골 점유율을 늘려가며 균형을 잡아갔다. 후반전에 골은 없었으나 토트넘은 우세한 경기를 펼쳤다. 무슨 일이 있었던 걸까? 토트넘의 안토니오 콘테 감독에게 묻고 싶다. 도대체 하프타임에 무슨 일이 있었는지.

현재는 미래의 창이다

역사는 과거, 현재, 미래의 끝없는 만남이라고 한다. 시대가 어떻게 서로 만났는가? 과거와 중첩된 현재 아니면 현재와 중첩된 미래. 역사가들은 서로 동시대에 머물 수 없었던 물리적 한계에도 불구하고 수정같이 투명한 이 세상에 이 시대들이 서로 만났다고 우겨댄다.

저마다 미래를 먼저 보고자 안간힘을 쓴다. 왜 그럴까? 먼저 보면 먼저 쏠 수 있기 때문이다. 왜냐하면 지금 살아 활동하고 있는 자는 모두 먼저 보고 먼저 쏜 자들이다. 이 분야에서 아마 가장 돋보이는 사람은 미국의 배우이며 영화제작자이기도 한 '클린트 이스트우드'일 것이다. 그는 항상 먼저 보고 먼저 쏨으로써 한 시대를 풍미했던 미국 서부영화를 평정한 바 있다.

나아갈 방향과 결정적인 전환의 실마리는 언제나 과거와 현재에 놓여 있다. 직면하고 있는 환경과 일정한 거리를 유지하고 객관적인 시선으로 바라보면 현재에 무엇이 내재되어 있는지 알 수 있다. 이 앎의 의미가 또렷하면 또렷할수록 미래는 비 온 뒤의 산처럼 가까워진다.

그래서 우리는 미래를 향해 바삐 가다가 가끔 현재에 멈춰 서는 것이다. 이것이 '하프타임'이다.

도처에서 9단들의 형세 판단이 시작됐다

9급의 하프타임에는 다툼과 펑계가 있고, 9단의 하프타임에는 전략과 방안이 있다. 9급은 두 수 앞을 못 보고 죽는 길로 향하지만 9단은 한 수를 두면서 승패를 가늠한다. 그래서 그 길이 지는 길이면 끊임없이 새로운 길을 모색한다.

9급은? 아마 앞만 보고 갈 것이다. 혹시 현재까지의 상황에 관한 결과가 제시되어도 그 의미를 쉽게 헤아리지 못한다. 자신이 유리한 상황에 있는지 불리한 상황에 처해 있는지 모르고, 싸워야 할 때인지 관망해야 할 때인지도 모른다. 때론 유리한 상황에서 위기를 느끼고 무리한 싸움을 택해 낭패를 자초하곤 한다.

9단은 '하프타임'이 예리하다. 이때 형세 판단을 잘해야 하는데 이를 통해 의미를 추출하고 적절한 대응 전략을 수립할 수 있기 때문이다. 왜 형세 판단이 필요할까? 이기기 위해서다.

만약 내가 유리한 상황이면 안전하게 지키는 전략을 취할 것이다. 만약 불리하다면 특단의 대책이 필요하다. 미세한 차이가 난다면 상대방과 나의 강점과 약점을 비교해 나의 강점이 발휘되는 방향으로 유도해야 한다. 차이가 크다면 판 전체를 흔들어 게임의 법칙을 바꿔야 한다. 그러기 위해서는 내가 가지고 있는 자원과 역량을 검토해야 한다. 가진 패가 없는데 판을 흔들어대는 것은 바로 자살행위다.

하프타임을 활용하는 유형 2가지

하프타임을 활용하는 유형은 크게 2가지로 나눌 수 있다. 하나는 목표와 갭을 파악하기 위함이다. 사람의 움직임은 갭이 클수록 빨라진다. 갭은 목표와 현실의 차이다. 미래 움직임의 속도를 결정하기 위해서는 갭을 정확하게 파악해야 한다.

이를 앞서 첼시와 토트넘의 경기에 대입해보자. 첼시는 전반전에 점수를 올렸다. 반면 토트넘은 그러지 못했다. 토트넘이 이기기 위해서는 필시 후반전에 골을 넣어야만 승리할 수 있다. 그냥 열심히 뛰는 것이 아니라 골을 넣을 수 있도록 전략적으로 열심히 뛰는 것이 중요하다.

토트넘은 상대 뒤 공간을 활용하는 역습에 강점이 있다. 영국 프리미어리그의 내로라하는 전문가들은 이구동성으로 이 부문에서 손흥민을 최고로 꼽는다. 토트넘은 이 부근 어디에서 답을 찾을 것이다. 골 점유율에서 열세를 보이고 있는 토트넘은 상대의 작은 실수를 틈타 공을 빼앗아 손흥민이 어디를 향하고 있는지에 주목해야 한다.

전략은 그 자체로 실효성이 있어야 하고 선수 개인이 이 전략을 실행할 능력을 갖추고 있어야 한다. 아무리 좋은 전략도 그것을 실행할 역량이 없으면 무용지물이다.

그래서 하프타임에는 결과 예측뿐만 아니라 좋은 결과를 만들기 위한 과정 계획도 포함돼야 한다. 골을 넣을 수 있는 성공 요인을 분석하여 이기는 전략을 선택할 수 있어야 진정한 하프타임을 활용하는 것이다. 감독의 단순한 질타만 있고, 선수의 간절함이 없는 맹세는 승리하는 데 큰 도움이 되지 않는다. 소망이 사라지면 맹세가 성행한다고 하지 않던가.

다른 하나는 갈림길에서 전략적 선택을 하기 위해서다. 살다 보면 선택의 순간은 무수히 많다. 의사 결정은 리더의 몫이다. 의사 결정의 바탕은 직관이 아니라 사실과 데이터 중심으로 파악돼야 한다.

지금 처해진 환경을 정확하게 읽고 자신의 강점과 약점을 파악해 강점으로 유리한 상황으로 이끌고 갈 수 있도록 세부 전략을 선택해야 한다. 그 의사 결정을 하기 위한 합리적 근거를 제안하는 것은 구성원의 몫이다. 만약 전반전에 졌다면 하프타임에는 후반전에서 이길 수 있는 전략을 찾아내야만 한다.

'미래를 탐색하기 위해서는 겉으로 보기에 전혀 어울리지 않고 아무런 관계도 없으며 때로는 상식에 어긋나는 듯 느껴지는 것들 사이에서 연관성을 찾아내야 한다. 새로운 미래의 그림이 보일 때까지 퍼즐을 섞고 맞추고 또 섞어야 한다.'

『메가트렌드』를 집필한 미국의 미래학자 존 나이스비트의 말이다. 나이스비트는 앨빈 토플러와 함께 미래학의 양대 산맥으로 꼽히는 세계적인 미래학자다. 그의 대표작인 『메가트렌드』는 전 세계 57개 국가에서 1,400만 부 이상 판매됐고, 106주 연속 「뉴욕타임스」 베스트셀러 1위의 자리를 지킨 바 있다. 1966년 급진적인 사회 변화의 소용돌이가 다가오고 있다고 직감하여 정부를 떠나 미국의 경제, 사회, 정치, 문화적 변화를 연구하기 시작했고 1982년 『메가트렌드』를 내놓아 전 세계의 주목을 받았다.

나이스비트의 말이 백번 옳다. 하프타임을 잘 활용하려면 퍼즐을 섞고 또 섞는 마음으로 답이 보일 때까지 그리고 또 그려야 한다. 그렇지 않다면 그저 땀을 닦을 수건 한 장이면 족할 것이다.

올바른 하프타임의 시기는?

하프타임을 잘 활용하면 보약을 먹은 것처럼 재충전을 할 수 있다. 토트넘이 후반전에 달라질 수 있었던 이유도 하프타임에 수립한 새로운 전략 때문일 것이다. 물론 이를 바꿔 생각하면 첼시는 하프타임을 잘못 활용했다는 뜻이다.

다만 하프타임은 상황이 어렵거나 다급할 때는 도움이 크지 않을 수 있다. 허둥대다 날카로운 전략을 세우지 못하기 때문이다. 모순이겠지만 보약은 건강할 때 먹는 것이 가장 효과적이다.

만약 지금 당신들이 승승장구하고 있다면, 거칠 것이 없이 앞만 보고 달리고 있다면 잠시 하프타임을 갖는 것이 좋다. 너무 잘나가서 앞만 보고 달려가고 싶을 때 그 욕구를 자제하고 현재 자신의 위치를 냉철하게 점검해봐야 한다. 그러나 목적은 미래의 행동을 결정하기 위해서임을 항상 염두에 둬야 한다.

2005년 140년 전통의 세계적인 필름메이커 아그파 포토가 디지털 사진에 밀려 파산신청을 했다. 불과 4년 전인 2001년만 해도 창사 이래 사상 최고의 필름 판매량을 기록했다. 그날 그들은 축배를 들었다. 축배를 든 것은 매우 잘한 일이다. 다만 그들은 그 다음날 충실하게 하프타임을 가졌어야 했다. 미래의 그림을 또렷하게 그릴 수 있을 때까지 잠시 쉬면서 퍼즐을 섞고 맞추고 또 섞어 맞춰야만 했다.

바다처럼 고요하고
구구단처럼 간단한 것, 진짜!

심각한 일이다, 가짜가 진짜처럼 보여 빠져드는 것.
더 심각한 일이다, 진짜 이상으로 빠져서 저항력을 상실하게 되는 것. 기
법은 점점 고도화되고 교묘해진다.

찰리 채플린, 버스터 키튼과 더불어 무성영화 시대의 3대 희극왕 중
한 사람으로 꼽히는 미국의 유명한 희극배우 해롤드 로이드는 안경과 모
자로 분장하여 이른바 로이드 스타일을 창조하여 박진감 있는 희극 연기
로 인기를 한몸에 받았다. 하루는 잠자는 연기를 하다가 그만 진짜 잠이
들어버렸다. 다음 날 연예 신문은 '로이드의 잠자는 연기는 매우 어색했
다'라고 썼다.

무슨 일일까? 잠자는 척하는 것보다 진짜로 잠든 모습이 어색하다
니. 빠져들 것이 참으로 많은 세상에 진짜와 가짜의 테두리가 희미해지
고, 마치 교도소 담벼락을 저녁 먹고 산책하듯 즐기고 있는 사람들이 가

32

득하다.

진짜와 가짜의 경계가 모호해지면 우리는?

'표창장 위조한 딸과 상습적으로 도박한 아들 둘 중, 한 명을 꼭 키워야 한다면 누굴 키우겠는가?' 2022년 1월 「SNL 코리아 시즌2」의 '주 기자가 간다' 코너에 출연한, 이름 들으면 알 만한 우모 의원은 보기 2개 중 하나를 무조건 고르는 밸런스 게임 인터뷰를 했다. 인터뷰 진행자인 주현영은 이날 우 의원에게 '표창장 위조한 딸'과 '상습적으로 도박한 아들'을 보기로 제시하며 "둘 중 한 명을 꼭 키워야 한다면?"이라는 질문을 던졌다.

기발하기 그지없는 질문이다. 이젠 이런 TV 예능프로그램의 사회자 질문이 예리하다고 박수를 받는 시대를 맞았다. 한때 인터넷을 가득 채운 기사는 김건희 인터뷰와 이재명 욕설이 담겼다는 녹음파일이었다. 둘다 불법 논란에 고소와 고발이 난무했다.

이런 일들이 일어난 배경에는 '의도'가 있었을 것이다. 상대방의 파멸을 노린 한 청년과 한 여자 그리고 한 남자가 어찌되든 상관이 없었다. 당시 몇 개월 동안은 상대방이 죽어야 내가 사는 게임 같았다. 보여주고자 하는 것은 분명했다. 한쪽 면과 드러난 곳을 부각시키면 되는 것이다. 이면의 진실은 처음부터 관심이 없었다.

강한 자가 강한 것이 아니다. 강하게 보이는 자가 강하다.

진짜가 진짜가 아니다. 진짜처럼 보이는 것이 진짜다.

착한 자가 착한 것이 아니다. 착하게 보이는 자가 착하다.

어찌된 탓인지 세상은 온통 게임이자 연극무대가 돼버렸다. 그래서 모두 뭔가처럼 보이려고 난리다. 연기가 안 되는 사람이 연기하려고 애쓰니 뭔가가 자꾸 일그러진다. 연기를 해야 한다면 안성기나 송강호 같은 배우에게 모든 것을 맡기면 되지 않을까?

그들이 특별해서라고? 아니다. 우리는 이런 게임 같은 세상에 살고 있다. 한편은 풍부하고 다른 한편은 결핍하다. 풍부는 결핍을 유혹하고 결핍은 풍부를 공격한다. 자신이 좋아하는 역할을 맡기 위해서다.

어느 날 눈을 뜨니 실로 위험한 게임의 한복판에 내가 서 있는 것이다. 그렇게 되지 않기 위해서 모든 순간을 경계해야 한다. 혼돈을 뿌리치고 유혹과 결별하며 우리 내면에 심어놓은 본질을 붙잡고 온전히 나 자신을 지켜내야 한다.

우리는 진짜 자신의 모습대로 살고 있는가?

우리는 모두 이 세상에 자기만의 역할을 가지고 있다. 직업이라고 말해도 무방하다. 선생님, 회사원, 변호사, 국회의원, 가수, 작가 등 모두 자신의 역할을 충실하게 잘 해내고자 최선을 다한다. 문제는 무대에서 역할이 끝나고 혼자가 되어도 혹은 다른 자리에서 우리는 자신의 진짜 모습을 찾지 못하고 배우처럼 역할을 계속하고 있다.

여러 가지 형태로 설명될 수 있다. 체면, 좋게 말해서 이미지 관리쯤으로 정리해두자. 남들이 알고 있는 자신의 이미지를 지켜내기 위해 무대가 계속되고 있는 것이다. 혼돈이다. 지금 살고 있는 것이 나인지, 아니면 연극 속에서의 이미지를 지키기 위해 실제의 삶에서 또 연기를 하고 있는 것인지, 뭐가 진짜인지 본인조차도 헷갈리는 그런 혼돈의 상태가 계속되고 있다.

그렇다고 하더라도 크게 문제 될 것이 없다. 본인의 자아 발견은 순전히 자신의 몫이니 말이다. 여기서 문제가 되는 것은 어떤 목적을 위해 세상을 향해 자신을 속이는 자들이다. 이런 자들이 높은 사람이 되면 세상은 위험해진다. 이는 세상이 연대해서 경계할 일이며 사회의 제도적 영역이다.

카뮈에게 길을 묻다

우리는 지금 진짜를 찾아가던 중이었다. 알베르 카뮈의 작품에서 위안이든 해결이든 실마리를 찾아봐야 하지 않을까?

'평상시와 다름없이 사무실에서 일을 마치고 돌아왔다. 같은 층에 사는 살라마노 영감을 만났다. 그 영감은 매일같이 반복하여 자신이 데

리고 있는 개를 때리고 욕을 한다.'

『이방인』의 한 대목이다. 카뮈의 『이방인』은 그가 알제리에서부터 구상하기 시작해 1940년 6월에 집필을 완료했다. 『이방인』은 '오늘, 엄마는 죽었다'라는 문장으로 시작하여 곧바로 '아니 어쩌면 어제였을지도 모른다'라는 서술이 뒤따르는 간결한 문체와 밋밋하고 건조한 문장들이 독립적으로 병치되어 있는 것이 특징이다.

여기서 말하는 '이방인'은 '자기 자신과 사회에 대해 낯설게 느끼는 자' 혹은 '사회가 이상한 사람으로 치부하는 자'이고, 보통 사람들과 다르게 생각하고 행동하는 괴팍한 인간인 뫼르소다.

본론으로 돌아가보자. 살라마노 영감은 개를 학대했다. 그리고 이후 개를 잃어버렸다.

'뫼르소는 자신의 방 문간에서 살라마노 영감을 만난다. 자신의 방으로 들어오게 하니 영감은 동물보호소에 개가 없어서 결국 잃어버리고만 것이라고 알려준다. 슬픔을 나눌 상대를 기다리고 있었던 것 같다. 위로한답시고 뫼르소는 영감에게 다른 개를 기르면 되지 않느냐고 말했지만 영감은 그 개와 익히 사귀어 정이 들었다고 말하는 것이다. 그건 일리가 있는 말이다. 뫼르소는 정이 무엇인지는 아는 눈치다.'

살라마노 영감과 개는 서로 닮은 존재로 애증 관계이자 서로의 위안이었다. 이것은 사실이며 진짜다. 요즘 같았으면 개를 학대한 죄로 누군가 경찰에 고발했을 것이다. 여기서 사실은 왜곡되고 학대는 가짜가 된다.

카뮈의 말에 좀더 귀를 기울여볼 필요가 있다.

'사람이란 모르는 것에 대해서는 늘 부풀려서 생각하기 마련이다. 실상은 모든 것이 매우 간단하다는 사실을 나는 시인해야 했다.'

카뮈의 말은 일리가 있어 보인다. 실상은 간단하다. 그래 봐야 그들은 소수⋯ 진실은 다수이다. 다만 시끄러울 뿐이다. 수많은 갑남을녀, 선남선녀의 집단지성을 믿어야 한다. 그들은 늘 고요하다. 그리고 말이 없다. 그러나 언젠가 그들이 진짜를 판별할 것이다. 가짜는 시끄럽고 수다스럽다. 진짜는 바다처럼 고요하고 구구단처럼 간단하다. 경이로운 건 지금도 그리고 항상 그렇다.

침묵보다는 나은
말

드디어 침묵을 깨고 입을 열었다.

"나는 이번 선거에 나서는 어떤 후보보다도 진보적이다."

2019년 미국 대통령 출마 선언을 하기도 전에 나온 바이든의 말이다. '아차' 하는 순간 기차는 떠났고, 바이든은 출마에 대한 속마음을 어쭙잖게 들켜버렸다. 그의 출마 의지는 언론에 대서특필됐으며 일찌감치 적의 표적이 되었다. 섬세하게 순서를 밟아가던 전략이 꼬인 것이다. 차라리 침묵이 나았다.

내가 이 세상에 태어나

수없이 뿌려 놓은 말의 씨들이

어디서 어떻게 열매를 맺었을까?

조용히 헤아려 볼 때가 있습니다

무심코 뿌린 말의 씨라도

그 어디선가 뿌리를 내렸을지 모른다고 생각하면

왠지 두렵습니다

더러는 허공으로 사라지고

더러는 다른 이의 가슴속에서

좋은 열매를 또는 언짢은 열매를 맺기도 했을

언어의 나무

– 이해인 '말을 위한 기도' 중에서

우리 모두 언어의 나무를 가지고 있다. 흔히 '말'이 '씨'가 된다고 한다. 어떤 말은 나의 약점이 되어 나에게로 돌아온다. 주변을 반 바퀴만 돌아보면 누구는 사나운 말 때문에, 누구는 부적절한 말 때문에 곤욕을 치르고 있다. 잘못 내뱉은 말 때문에 법의 심판을 받아야 하기도 하고, 재치 있는 말솜씨로 스타가 되기도 한다. 너무나 평범하고 흔한 말이지만 진리는 '뿌린 대로 거두는 법'이다. 좋은 말은 좋은 열매를 맺고, 나쁜 말은 나쁜 열매를 맺는다.

사려 깊고 절제된 삶을 사는 인격자의 삶 속에는 지혜롭고, 곱고, 다정하고, 메마른 가슴을 적셔줄 촉촉한 말들이 맴돈다. 때론 따뜻하고 감성 어린 말들로 감화가 되기도, 위로가 되기도 한다.

3가지 말의 열매

3가지 말이 있다. 하나는 내가 나에게 하는 말이다. 소위 혼잣말인데 많은 이들이 혼잣말이라고 해서 곱지 않은 단어를 사용할 때가 있다. 나를 위한 말이라면 될수록 나를 북돋우며 "잘할 수 있다"는 메시지를 보내는 것이 좋다. 내가 나에게 하는 말 중 가장 실례되는 말은 "할 수 없다"다. 해보지도 않고 자포자기하고 싶은 심정으로 "난 안 돼", "내가 그럼 그렇지"라는 말은 입에 담지 말자. 그것보다 "잘했어!", "아주 훌륭해", "잘될 거야"라고 되뇌어야 한다.

둘째, 내가 남에게 하는 말이다. 말에는 때가 있다. 또한 옳은 말이 있고 그른 말이 있다. 당연, 그른 말은 삼가야 할 것이지만 옳은 말도 때가 적합하지 않으면 하지 않으니만 못하다. 그리고 때가 적합하다 할지라도 공손하게 전달해야 한다.

셋째, 내가 누군가에게 간절하게 원하는 말이다. 소위 기도다. 이는 영적인 부분이니 『잠언』의 한 구절로 대신한다.

> '사람은 입에서 나오는 열매로 말미암아 배부르게 되나니 곧 그의 입술에서 나는 것으로 말미암아 만족하게 되느니라. 죽고 사는 것이 혀의 힘에 달렸나니 혀를 쓰기 좋아하는 자는 열매를 먹으리라.'

최소한 침묵보다 가치 있는 말을 하길

우리가 무심코 뿌린 말의 씨가 열매를 맺어 나무에 주렁주렁 달렸던 경험을 한 적이 있었나? 그것이 좋은 열매이길 바란다. 내가 나에게 한 말의 열매, 다른 사람에게 한 말의 열매, 또 내가 누군가에게 간절함을 구할 때의 열매는 내가 뿌린 '씨'에 달렸다. 과연 어떤 열매가 달렸을까? 지금까지보다도 지금부터가 더 중요하다. 혹시 마음에 걸린다면 말이다.

　말을 배우는 데에는 2년이 걸리지만, 침묵을 배우는 데에는 60년이 걸린단다. 준비되지 않은 입을 쉽게 열면 안 된다. 입을 연다면 최소한 침묵보다는 가치 있는 말이기를 바란다.

씨앗처럼 정지하라,
꽃은 멈춤의 힘으로 피어난다

멈춤이 없이 가는 법은 없다. 기차가 멈추고, 시간이 멈추고, 손을 멈추고, 하던 일을 멈추고, 잠시 호흡을 멈추고, 높이 뛰기 위해 멀리 치기 위해 멀리 뛰기 위해서 멈춘다. 사실 멈춘다는 인식 없이 본능적으로 멈춘다.

세계에서 가장 오래된 씨앗이 발견됐다는 소식이 한 과학 잡지에 실렸다. 2008년 6월 13일 「사이언스」는 이스라엘 루이스 보릭 국립의학연구소 사라 살론 박사 팀이 이스라엘 마사다의 헤롯 왕의 요새를 발굴하다가 찾은 대추야자 씨앗 3개를 2005년에 심어, 이 가운데 하나를 발아시키는 데 성공했다고 발표했다.

연구자들이 발굴에서 찾은 씨앗 가운데 2개를 방사성탄소 연대 측정법으로 분석해본 결과, 이것은 대략 2,000년 전의 씨앗이라는 결론을 얻었다고 한다. 연구자들은 '이토록 오랜 세월 동안 씨앗이 생명력을 유지할 수 있었던 것은 여름이 덥고 건조한 마사다의 기후가 생체 분자를 파괴하는 활성산소의 발생을 억제했기 때문으로 여겨진다'라고 설명했다. 현재 발아해 키가 121cm인 이 대추야자는 "므두셀라"라는 애칭으로 불리고 있다.

　단순히 신비한 일이라고 치부하기엔 설명이 부족하다. 식물의 씨앗 속에 들어 있는 생명력은 단순한 경이로움이 아니라 차라리 추앙하고 싶은 기적이다. 오랜 세월이 흘러도 씨앗 속에 있는 생명력은 사라지지 않으며 언제든지 발아하기에 적합한 조건만 형성되면 새로운 싹을 틔운다. 그 씨앗은 다시 살기 위해 멈춘 것이다. 멈춘다는 것은 또 하나의 희망이 되기도 한다.

멈추지 못한 것들의 한탄

멈추지 않는 것은 위험하다. 광주에서 건설 중인 아파트가 무너져 내렸다. 원인은 분분하지만 틀림없는 사실은 멈춤이 부족한 탓이다. 대장동 50억 클럽 사건으로 곽모 씨가 구속되었다. 박모, 최모, 김모, 권모 씨 등도 위험하단다. 좀더 지켜볼 일이겠으나 멈추지 못한 까닭일 것이다. 시인 백무산의 '정지의 힘'을 더듬어보자. 마치 이 상황을 경고하기 위해 쓰인 듯하다.

　　기차를 세우는 힘, 그 힘으로 기차는 달린다

43

시간을 멈추는 힘, 그 힘으로 우리는 미래로 간다

무엇을 하지 않을 자유, 그로 인해 무엇을 해야 할 것인가를 안다

무엇이 되지 않을 자유, 그 힘으로 나는 내가 된다

세상을 멈추는 힘, 그 힘으로 우리는 달린다

정지에 이르렀을 때, 우리는 달리는 이유를 안다

씨앗처럼 정지하라, 꽃은 멈춤의 힘으로 피어난다

　　백무산은 1974년 현대중공업에 입사하여 노동자로 일하다 1984년 『민중시』 1집에 '지옥선' 등을 발표하며 작품 활동을 시작했다. 그는, 기차는 세우는 힘으로 달려가고, 시간은 멈추는 힘으로 흘러간다고 했다. 그리고 사람이 무엇이 되는 것은 무엇이 되지 않을 자유 때문이라고 했다. 그의 말이 백번 옳다. 달려가고 있는 모든 것은 바로 멈춤의 힘이다.

　　베란다의 나리가 늦가을 마르기 시작하더니 이내 주저앉았다. 생명이 다한 줄 알았다. 우연한 도움으로 밑둥을 바싹 잘라 겨우내 보관했다. 간간이 물도 주었다. 이른 봄에 싹이 올라오기 시작했다. 꽃대 하나가 죽었는데 5대가 올라왔다. 지금은 제법 키가 컸다. 돌아서다 말고 절로 탄성이 나왔다. 아!

　　'이를 위해 너는 겨우내 정지해 있었구나!'

9급이 아니라
9단의 통찰력으로

9급의 길이 있고 9단의 길이 있다. 9급은 두 수 앞을 못 보고, 9단은 100수 앞을 내다본다. 앞이 보이지 않는다는 것, 이험한 세상에서 그보다 더 답답한 일이 어디 있을까? 반면 남의 눈에는 보이지 않는 것이 내 눈에 보인다는 것, 이보다 더한 유리함이 어디에 있는가? 마치 답안지를 보고 시험을 보는 느낌이다. 우리는 지금 이런 자들과 경쟁하며 살고 있다. 다음은 『디아스포라 유대 경전』에 나오는 승자와 패자의 27가지 차이를 9단(승자)과 9급(패자)으로 등치해놓은 것이다.

9단은 행동으로 말을 증명하고, 9급은 말로 행위를 변명한다. 9단은 책임지는 태도로 살며, 9급은 약속을 남발한다. 9단은 벌을 받을 각오로 살다가 상을 받고, 9급은 상을 위하여 꾀를 부리다가 벌을 받는다. 9단은 인간을 섬기다가 감투를 쓰며, 9급은 감투를 섬기다가 바가지를 쓴

45

다. 9단은 실수했을 때 내가 잘못했다고 확실히 말하고, 9급은 적당히 말한다. 9단은 입에 '솔직'이 가득하고, 9급은 '핑계'가 가득하다. 9단은 예와 아니오를 확실히 말하고, 9급은 모호하게 말한다. 9단은 작은 자에게도 사과할 수 있으나 9급은 큰 자에게도 못한다. 9단은 넘어진 후 일어나 앞을 보고, 9급은 일어나 뒤만 본다.

넘어지면 일어나 앞을 보라

모두가 금과옥조이나 이중 '9단은 넘어진 후 앞을 보고 9급은 일어나 뒤만 본다'라는 말이 오묘하다. 길을 가다 실족하여 넘어진 경우, 당신은 어디를 보는가? 우선은 창피하다. 그래서 황급히 뒤를 보는 것이다. 그리고 속으론 아파 죽겠지만 태연히 일어서서 가던 길을 간다. 아무 일 없었다는 듯이, 우리가 늘 하는 행동이었다.

그러나 이 본능적인 움직임은 9급의 행동이었다. 앞으로 만약 넘어진다면 앞을 보자. 앞에 또 어떤 장애물이 있는지, 다시 넘어지지 않기 위해서, 다시는 실패하지 않기 위해서 말이다. 실패 후에 우리가 해야 할 행동은 창피해서 뒤를 보는 일이 아니고 다시는 실패하지 않기 위해 앞을 보는 것이다.

9단은 열심히 일하고 열심히 놀고 열심히 쉬지만, 9급은 허겁지겁 일하고 빈둥빈둥 놀고 흐지부지 쉰다. 9단은 시간을 붙잡고 관리하며 살고, 9급은 시간에 쫓기거나 끌려 산다. 9단은 지는 것을 두려워하지 않으나, 9급은 이기는 것도 은근히 염려한다. 9단은 과정을 위해 살고, 9급은 결과를 위해 산다. 9단은 구름 위의 태양을 보고, 9급은 구름 속의 비를 본다. 9단은 넘어지면 일어서는 쾌감을 알며, 9급은 넘어지면 재수를 한탄한다. 9단은 눈을 밟아 길을 만들고, 9급은 눈이 녹기를 기다린다. 9단은 실패를 거울로 삼으며, 9급은 성공도 휴지를 삼는다. 9단은 바람을 보며 돛을 올리고, 9급은 바람을 보고 돛을 내린다.

구름 속의 비를 보지 말고 구름 위의 태양을 보라

9단은 구름 위의 태양을 보고 9급은 구름 속의 비를 본다. 9단은 희망을 보고 9급은 절망만 보는 것이다. 9단이나 9급이나 똑같은 것을 보고 있으면서 말이다. 그러나 추출되는 의미는 달랐다. 9단은 머지않아 구름이 걷히고 태양이 비출 것을, 9급은 구름 속에 가득한 비를 보며 절망스러운 한숨만 내뿜었다. 그야말로 먼저 이기는 자와 싸우기도 전에 지는 자의 차이다.

9단은 돈을 다스리고, 9급은 돈에 지배된다. 9단은 주머니 속에 꿈이 있고, 9급은 주머니 속에 욕심이 있다. 9단은 다시 한 번 해보자는 말을 즐겨 쓰고, 9급은 해보아야 별 수 없다는 말을 즐겨 쓴다. 9단은 땅을 믿고, 9급은 요행을 믿는다. 9단은 일곱 번 쓰러져도 여덟 번 일어서고,

9급은 쓰러진 일곱 번을 낱낱이 후회한다. 9단은 달려가며 계산하고, 9급은 출발하기도 전에 계산부터 한다. 9단은 지긋이 듣지만, 9급은 자기 말할 차례를 기다린다. 9단은 부드럽고 자연스러우나, 9급은 허세 부리고 자기를 부풀려서 발표하려 한다. 9단은 다른 길이 있을 것이라고 생각하나, 9급은 길이 하나뿐이라고 생각한다.

말하기보단 귀담아 들어라

9단은 지긋이 듣지만, 9급은 자기 말할 차례를 기다린다. 그냥 자체로 느낌이 오는 말이다. 9단은 남의 말을 귀담아 들으면서 다른 사람의 생각에 주목한다. 반면 9급은 다른 사람의 말은 아랑곳하지 않고 자신이 할 말에만 집중한다는 것이다. 무슨 뜻일까? 우선은 무슨 말을 할까가 궁색한 것이고, 다음은 무슨 말을 하고 싶어 안달이 난 모습이다. 우리가 어떤 모임에서 흔히 볼 수 있는 광경이 아닌가? 그렇다. 그때 그 사람이 9급 맞다. 어쩌면 나였을지도 모르겠다.

한마디 한마디 다시 음미해도 승자는 9단이고 패자는 9급이 분명하다. 등치한 9단과 9급의 어색함은 없으며 어쩌면 원래의 경전이 이렇다 해도 나무랄 데 없어 보인다.

사람들의 무리가 앞을 향해 걷고 있다. 세렝게티를 향해서 말이다. 함께 이렇게 걷고 있는 이 자들은 자신의 내공을 숨긴 채로 9급과 9단이 뒤섞여 있다. 이 자들이 바로 세상이라는 싸움터에 나의 경쟁자들이다. 당신과 그리고 나는 어디에 속할까? 순간 벼락을 맞은 듯 모골이 송연하다.

보이는 것이 같다고 의미가 같은 것은 아니다

4차 산업혁명이란 단어에 어느 정도 익숙해진 요즘, 코로나 엔데믹으로 인해 미래에 대한 치열한 수읽기가 시작됐다. 이제 9단이 판단할 때다. 싸울 때인가? 타협할 때인가? 변화를 추구할 때인가? 안정을 취할 때인가? 세상은 투명하고 완전히 열려 있어 적군이나 아군 모두 똑같은 것들이 보인다. 보이는 것이 같다 하여 추출된 의미가 같은 것은 아니다. 이것이 바로 수읽기의 차이다. 그렇기 때문에 9단의 통찰력이 절실한 이유다.

세렝게티에 여명이 밝아온다. 가젤이 눈을 뜨고 사자도 기지개를 켰다. 절체절명의 목숨을 건 게임이 시작됐다. 사자가 가젤을 쫓았다. 누구의 위기인가? 만약 당신이 사자라면 가젤처럼 위기감을 느끼기 바란다. 잡히면 먹히고 못 잡으면 굶어 죽는다. 그래서 날이 새면 사자든 가젤이든 뛰어야 하는 건 마찬가지다.

신속한 파멸의
묘수

●
●

　'극단의 왕국'은 희귀하고 비일상적인 사건이 '검은 백조'처럼 느닷없이 발생함으로써 전체를 바꿔버리는 것을 말한다. 나심 니콜라스 탈레브가 그의 저서 『블랙스완』에서 밝힌 내용이다. 999일을 주인이 "구구" 하면 달려가서 모이를 쪼아 먹던 거위는 1,000일째 되던 날 주인이 또 "구구" 해서 달려가니 주인이 잡아버렸다. 그 후 아무도 그 거위를 보았다는 사람이 없다. 이것이 '극단의 왕국'이다.

　전 세계인들이 목격한 극단의 왕국은 2년여 동안 우리를 보이지 않는 감옥에 가둔 '코로나 팬데믹'일 것이다. 그 외에도 뉴질랜드 대지진, 일본의 쓰나미, 푸틴의 우크라이나 침공 등이 있을 것이다. 개인적인 측면에서 본다면 몹쓸 병에 걸려 얼마 살지 못한다는 사실을 아는 것, 눈 깜짝할 사이에 거액을 사기당하는 것, 코로나 예방접종 후 사망하는 것 등 자다가 봉창 두들기는 것처럼 매우 낯설고 느닷없는 것들이다.

물이 끓는 유리 비커에 개구리를 던지면 100% 튀어나온다. 반대로 고인 물에 넣고 서서히 온도를 높이면 100% 죽는다. 몸이 익어버리면서 죽는 것이다. 어쩌면 우리가 살아가는 이 세상은 서서히 온도를 높여가는 유리 비커 속과 같다.

느리게 변하지만, 어느 순간 온도 점에 다다르면 생사가 확실해지는, 그래서 나도 모르게 빠져버리게 되는, 자신이 삶겨지리라는 것도 모른 채 죽는 것이다.

인생을 망치는 지름길

자신의 인생을 망칠 수 있는 지름길은 무엇일까? 답은 3가지다.

첫째는 죄에 대한 쾌락이다. 죄를 짓고도 반성하지 못하고 그것의 재미만 추구하며 쾌락을 찾아 헤매면 된다. 그리고 또다시 죄를 짓고 더 큰 죄를 짓기 위해 노력하는 것이다. 지능이 약간 떨어지는 한 남자를 40년 동안 머슴으로 부린 주인 내외가 화제가 된 적이 있었다. 처음에는 어려운 사람을 이용한다는 생각에 약간의 양심의 가책을 느꼈겠지만 누구의 제지도 받지 않았고, 직접적인 가책에 대한 처벌도 없었다. 더욱이 매달 나오는 정부 보조금까지 챙길 수 있으니 얼마나 짜릿했을까? 그래서 그들은 40년 동안 한 사람의 인생을 통째로 밟아버린 것이다.

둘째는 옳은 소리를 농담으로 치부하는 것이다. 999일을 주인의 보살핌 속에 살아온 거위가 주변 거위들의 경고를 농담으로 치부하고

1,000일째 되던 날 앞장서서 달려가니 딱 걸렸다. 한 사람을 40년 동안 공짜로 머슴을 부린 주인 내외는 그동안 한 번이라도 죄책감을 느끼지 않았을까? 옳고 그름을 따졌을 때 이건 그르다고 생각지 못했을까? 물론 두려움이 없지는 않았겠지만, 그것조차 농으로 되받으며 '설마 발각되겠어? 난 괜찮을 거야'라며 가볍게 생각하고 40년을 보낸 것이다. 두려움을 자신의 자조적인 농담으로 던져버리면서 파멸해버린 것이다. 하지만 세상도 무심하다. 어떻게 40년이라는 시간 동안 그들을 그렇게 내버려두었을까?

셋째는 미련이다. 40년 공짜 머슴을 부린 주인도 어느 순간은 '그러지 말아야지', '이젠 보내줘야지'라고 생각했겠지만, 쇼트케이크의 달콤한 유혹을 떨쳐버리지 못해 40년 동안 '내일까지만… 내일까지만…' 하고 미련을 부렸을 것이다.

지도자의 파멸은 국가의 불행

우크라이나 전쟁이 일어났다. 미개사회의 전유물 같았던 전쟁이 어느 순간 21세기 한복판에 들어와 있다. 낯설다. 요즘 같은 세상에 전쟁이라니. 한 국가의 파멸을 예고라도 하는 듯 우크라이나 전역에 마치 유령의 울음소리 같은 바흐의 무반주 첼로 조곡이 연기처럼 번지고 있다. 이 연수가 우크라이나 몫이 될지, 러시아의 몫이 될지는 아직은 모른다.

전 세계가 본인들의 생각과는 무관하게 그 영향권 내에 들어갔다. 석유, 곡물, 원자재 가격이 폭등했다. 푸틴에게 다른 대안은 없어 보인다. 반러시아적인 우크라이나를 끝장내든지, 러시아가 멸망하든지 둘 중의 하나다. 군사적인 실패는 충격적이며 푸틴 체제에도 파멸적인 영향을 미칠 것이다. 그가 그토록 공들여 키운 군은 만만한 이웃 나라조차도 이기기가 버거워 보인다. 러시아 경제는 자원 수출에 의존하고 있는데 방대한 천연자원은 서방의 제재에 가로막혀 판로가 막혔다. 전쟁은 끝나기가 어려워 보인다. 전쟁이 끝나면 계산서가 나올 것이다. 얼마나 많은 사람이 죽고 얼마나 많은 것들이 파괴됐는지. 어쩌면 푸틴은 이 계산서가 밝은 세상에 드러나는 것이 두려워 전쟁을 끝낼 수가 없는지도 모르겠다. 푸틴은 무력으로 지경을 넓혀가는 쾌락에 빠져 있었다.

서방, 특히 미국을 중심으로 한 우크라이나 지원이 만만치 않을 것이라는 참모의 소리는 "소심하다"고 무안을 주었을 것이며, 우크라이나의 완강한 저항은 조금 지나면 무뎌질 것이라고 미련을 부렸을 것이다. 이 증상은 우리가 아는 병이 아니던가? 그렇다. 파멸하는 자의 전형적인 모습이다. 그렇다고 하더라도 우크라이나는 통탄할 일이며 이런 지도자를 뽑은 러시아 주권자들은 손가락을 지지고 싶을 것이다.

한마디로 가장 효과적으로 자신의 인생을 망치는 방법 즉, 신속한 파멸의 묘수는 죄의 쾌락 속에 빠져들어 옳은 소리는 농담으로 치부하고 어떠한 순간에도 미련을 버리지 않으면 그야말로 OK. 개인이던 국가 지도자던 예외는 없다.

온전한 나로 살기 원한다면
작은 '차이'부터

"구름처럼 많이 모인 사람들 틈에 끼어서 입궐하는 혜소를 보았습니다만 그 늠름한 모습은 마치 '닭의 무리 속 한 마리 학' 같았습니다." 위진시대, 죽림칠현竹林七賢의 한 사람인 혜강의 아들 혜소가 사마염에게 천거되어 입궐하던 날 이후로, 사람들은 많은 사람들 중 유난히 돋보이는 사람을 가리키며 군계일학群鷄一鶴이라고 했다.

성공의 비결은 차이다. 표현을 빌리자면 국민가수 박창근은 '학의 무리 속에 우뚝 선 한 마리의 봉황' 같았다. 군학일봉群鶴一鳳이다. 왜냐하면, 거기에 모인 자들이 닭이 아니라 학이었던 까닭이다.

코로나 팬데믹이 장기화되면서 음악 오디션 프로그램이 많은 사랑을 받았다. 트롯에서 모든 장르의 음악을 다루는 오디션 프로그램들이 신설됐다. 젊은 날 꿈 하나만 믿고 노래를 부르다 어느새 나이가 지긋해진 무명가수들이 화려한 스포트라이트를 받으며 인기를 얻는 과정을 보면 세상은 아직 살 만하구나, 하는 생각도 든다.

그들이 뒤늦게 성공할 수 있었던 원인은 무엇이었을까? 바로 '차이'
다. 그들은 대체로 자신의 노래를 어필하지 못해 유명한 곡을 다시 편곡
해 부르는데 그 작업에서 '차이'를 만들었다.

특히 박창근의 〈다시 사랑한다면〉은 도원경의 그것과는 완전히 달
랐다. 기존 노래에 자신만의 차이를 덧입히는 것은 새로운 창조 과정이
다. 거기에 얼마나 많은 땀을 쏟아부었을지 짐작이 가는 대목이다. 뒤늦
게라도 빛을 발한 것은 작은 차이를 모아 적금 들듯 차곡차곡 오늘의 '큰'
차이를 만들었기 때문이다. 세월을 갈아 목소리를 만들고 결핍을 갈아
흉금을 적시는 감성을 만들었다. 들리는 듯 마는 듯 세미한 소리는 힘이
실려 숨죽인 대중의 귓속을 전파처럼 파고들었으며 클라이맥스의 울부
짖음은 짐승처럼 사납게 가슴을 찢었다. 귓속은 먹먹해졌으며 가슴은 요
동쳤다. 이 순간 차이는 명확해졌다. 대중들은 "아얏!" 소리도 못하고 이
차이를 인정해야만 했다.

작은 차이지만 차곡차곡 쌓이면

> "신호등이 바뀌기까지 10초, 9초, 8초! 시간이 얼마 안 남았어, 빨리 건
> 너자!"

횡단보도를 건널 때면 이렇게 표시 숫자에 눈길을 두게 된다. 횡단보

도의 파란신호등 아래에는 남은 시간을 알려주는 숫자 표시가 있다. 신호등에 그 숫자를 넣은 작은 변화 덕분에 우리는 건널지 말지, 걸음을 재촉할지 말지 결정할 수 있다. 덕분에 사고도 훨씬 줄어들었다.

이 작은 변화는 한 초등학생의 아이디어에서 시작됐다. 1999년 당시 전남 용호초 6학년이던 서대웅 군이 그 주인공이다. 서대웅 학생은 전구를 사용하던 신호등에 발광다이오드를 적용시켜 몇 초 뒤 신호가 바뀌는지 보행자들이 알 수 있는 장치를 만들었고, 그해 전국과학발명품경진대회 대통령상을 수상했다. 이후 전국의 모든 신호등은 전구에서 발광다이오드로 바뀌고, 모래시계나 숫자로 신호 변경 시간도 알 수 있도록 발전했다.

한 초등학생의 세심한 관찰력과 빛나는 창의력이 만들어낸 작은 차이가 우리가 사는 세상을 한 뼘 더 안전하게 만들고 있다. 우연히 운이 좋았다고? 천만의 말씀이다. 이 학생은 아마도 세심히 관찰하고 더 좋은 방법이 없을까를 고안하기를 매일매일 오가는 길에 흩날리는 낙엽처럼 차이를 쌓았을 것이다.

당신은 어떤 '차이'가 있는가? 거창한 것은 필요 없다. 작은 것이면 족하다. 다만 하루하루 쌓아가는 것이 중요할 뿐이다. 오늘은 비록 짜파게티 수준이라도 상관없다. 쌓고 쌓으면 나중에는 훌륭한 자장면이 될 수 있다. 오늘의 명가는 다 이렇게 완성된 것이다. 조금씩 작은 차이를 만들어간다면 10년, 20년이 흐른 어느 날 사람들이 당신의 차이를 배우기 위해 줄을 설 것이다. 이미 핀 꽃들은 다 그렇게 흔들리고 흔들리며 차이를 만들어온 결과물들이다.

희망을 굶기고
절망을 배 불리지 마라

2011년 4월 15일 소록도의 하늘에는 때아닌 고추잠
자리가 하늘을 가득 채웠다. 사람들은 서로 껴안고 얼굴을 맞대며 어린
아이처럼 고추잠자리를 쫓아 기뻐했다. 그들 모두는 한센인이었으며 그
들과 함께 서로 얼굴을 맞댄 이는 조용필이었다. 사람들은 그를 가왕歌王
이라 부르지만 그날만은 그를 희망希望이라 부르고 싶었다.

아직도 봄이라 하기에는 싸늘한 섬, 세상과의 소통이 끊어져 소외되
고 격리되어 절망의 냉기에 휘감겨 있던 소록도에 봄은 매년 찾아왔을 것
이다. 하지만 2011년의 봄은 어느 해보다 유난히 따스했다. 모처럼 희망
을 배 불리는 날이었다. 이날 절망은 굶었다.

조용필을 모르는 사람이 있을까마는 요즘 신세대들은 그럴 수도 있
다 싶다. 조용필은 국내 최고 가수만이 도전해볼 수 있는 잠실 주경기장
콘서트를 무려 7번이나 매진시켰다. 국내 콘서트 최다 관객 동원 타이틀

도 당연히 조용필이 가지고 있다. 한국 대중가요는 조용필 등장 전후로 나뉜다고 할 정도로, 그는 말이 필요 없는 한국 대중음악의 살아 있는 전설이다.

24절기 중 양은 동지冬至에 시작되고 음은 하지夏至에 시작된다. 절망의 나락에 서 있을 때, 아무 희망도 갖지 못할 때, 가능성이라고는 전혀 없어 보일 때, 눈에 보이지 않는 상서로운 기운이 움튼다. 그러니 전혀 낙담할 일이 아니다. 반대로 모든 것이 희망적이고 더는 나빠질 이유가 전혀 없어 보일 때 나락으로 떨어질 그 무엇인가가 준동하고 있으니 그저 기뻐할 일이 또한 아니다.

우리의 삶 속에 늘 동행하는 절망과 희망! 평생을 고속으로 되돌려 보면 웃다가 울다가 참으로 가관일 것이다. 작은 일에 일희일비一喜一悲하기보단 좀더 근본적인 것에 집중해야 하지 않을까?

망가진 하늘의 커튼을 열어젖히고

2022년 새해 벽두는 희망이 어디선가 추위에 떨며 몹시 굶주리고 있었던 것 같다. 그사이 배불리 먹은 절망은 배를 통통 두들겼다. 하지만 양은 동지에서 시작된다고 하니, 꽁꽁 얼어 가능성이 없어 보일 때 땅속에서 봄을 깨우는 혁명이 시작된다.

2022년 4월, 정부는 신종 코로나바이러스 감염증으로 인한 '사회적 거리두기'를 18일부터 전면 해제한다고 발표했다. 2020년 3월 거리두기가 도입된 이후 2년 1개월 만이다. 드디어 절망을 굶기고 희망을 배 불릴 때가 왔다. 그토록 기다렸던 일상회복이라니.

하늘을 뚫고 솟아오를 듯했던 21세기 첨단 문명은 코로나 팬데믹 앞에 너무도 무력했다. 기껏해야 마스크 쓰고 서로 만남을 삼가는 것이 전부였다. 우리가 자랑했던 문명과 기술은 자연과 순리 앞에 지금까지 우리가 알고 있던 겸손보다 더 겸손해져야 했다.

그리고 개발과 보존의 갈림길에서 더 많은 절제가 필요하다. 땅에서 뽑아 올린 석유가 하늘에 구멍을 뚫고 삐져나온 빛은 태곳적 얼음을 녹이고 망가진 하늘은 커튼을 열어젖히고 땅을 데우고 있다.

너는 나를 찌고 나는 너를 태우는구나!

조조의 아들 조식이 반란을 도모하다가 잡혀 왔다. 죽음을 목전에 두고 시 한 수로 삶을 도모했다. 조비는 살려주었다.

煮豆燃豆其 자두연두기 - 콩대를 태워 콩을 삶으니

豆在釜中泣 두재부중읍 - 솥 속의 콩이 울고 있구나

本是同根生 본시동근생 - 본래 한 뿌리에서 났건만

相煎何太急 상전하태급 - 어찌 이리 급하게 삶아대는가

직역하면 위와 같겠으나 살짝 운율을 살려 우리말로 표현한 글 가운데 가장 와 닿는 표현을 찾았다.

> 가마솥에 콩을 삶으니 콩이 울고 있구나!
> 날 때는 한 나무 한 가지에서 자랐건만
> 어찌 이다지도 가는 길이 다르단 말인가?
> 너는 나를 찌고 나는 너를 태우는구나!

콩대를 태워 콩을 삶는 비유로 형제간의 다툼을 표현한 것이다. 조비가 일곱 걸음 걸을 동안 지은 시라 하여 "칠보시"로 불린다.

이 이야기의 배경은 소설 『삼국지三國志』 즉, 『삼국지연의』다. 이는 진수의 『삼국지』에 서술된 위魏, 촉蜀, 오吳 3국의 역사를 바탕으로 전승되어온 이야기들을 중국 원元과 명明의 교체기 때의 사람인 나관중이 재구성한 장편소설이다. 원래 이름은 『삼국지통속연의三國志通俗演義』이며, 『수호전水滸傳』, 『서유기西遊記』, 『금병매金甁梅』와 함께 중국 4대 기서의 하나로 꼽힌다.

본론으로 돌아오면 오늘의 상황도 이와 다르지 않다. 석유를 태워 하늘을 뚫고, 상처 난 하늘은 땅을 볶는다. 그야말로 너는 나를 찌고 나는 너를 태우고 있다.

동물의 서식지를 인간이 점령한 결과 동물의 바이러스에 인간이 감염됐다. 이제는 인간이 인간답게 생각할 때다. 더는 희망을 굶기고 절망의 배를 불리는 어리석은 문명은 안 된다. 전 세계가 큰 홍역을 치렀다. 이 중대한 경고가 우리에게 큰 울림이 되어 더불어 살아야 할 이 하나뿐인 세상을 우리 모두가 지켜야 한다.

　뭔가 큰일을 해야 할 마지막 기회와 마주 서 있다. 지금 이 순간 가장 마음에 걸리는 것은 '차일피일'이라는 말과 '공멸'이라는 말이 마치 거울처럼 서로를 바라보며 상대방의 양보를 종용하고 있기 때문이다.

MOMENT

2

살기
위해
뛰다

장미밭의 혁명

줄기의 전쟁이 일어났다. 서로 부딪히며 가시와 가시가 엉켜 줄기에 상처가 나고 잎이 떨어져 정원의 땅바닥이 온통 붉게 물들었다. 신록의 잎새 위에 붉은 꽃이 떨어지니 장관이다. 구경 중 구경은 불구경과 싸움 구경이라고 했던가. 볼 만하다. 어느 님의 노래처럼.

'강낭콩 꽃보다도 더 푸른 그 물결 위에 양귀비꽃보다도 더 붉은'

변영로의 시 '논개'의 한 대목이다. 강낭콩 꽃보다도 더 푸른 것은 진주 남강이며 양귀비꽃보다도 더 붉은 것은 오직 구국의 일념으로 적장을 안고 남강으로 몸을 던진 논개의 마음이다. 그러나 오늘만은 푸르고 붉은 것은 장미밭이다.

더할 나위 없이 눈부셨던 오월의 장미가 신록의 잎새 위에 흩어지고 있었다. 혈투 끝에 매운 가지가 이겼다. 패배한 가지는 온몸에 상처를 입고 꽃을 떨어뜨리며 하루하루 말라갔다. 그리고 이내 쓸모없는 가지로 잘리고 말았다. 승리한 가지는 기고만장했다. 그러나 영광은 오래가지 않았고, 상처 난 자국은 쉬이 아물지 않았다. 상처는 덧나고 힘없이 꽃이 졌다. 얼마 가지 않아 잘리고 말았다. 장미밭은 더욱 황폐해졌다.

뿌리가 다른 뿌리를 휘감을 때

뿌리의 전쟁이 일어났다. 서로 휘감으며 감긴 뿌리가 다른 뿌리를 휘감았다. 그럴수록 단단하게 하나로 뭉쳐졌다. 낮도 밤도 시도 때도 없이 감기고 또 감겼다. 그리고 얽히고 또 설켰다.

끝없는 전쟁은 주변 잡목들, 풀뿌리들을 공격하며 세를 확장해갔다. 주변의 잡목들은 고래 싸움에 새우 등 터지듯 쇠약해가고 풀뿌리들은 바싹 마른 솔잎처럼 쓰러졌다.

정원의 영토는 온통 장미 뿌리들로 얽히고설켰다. 그 사이 줄기들이 무성해졌으며 푸른 잎들은 정원을 가득 채우고 장미꽃은 붉다 못해 검은 색을 띠며 아름다움은 극치에 달했다.

우리의 삶은 장미밭의 싸움과도 같아

살다 보면 수단과 목적이 뒤엉켜 무엇을 위해 무엇을 하는 것인지 혼란스러울 때가 있다. 덜 중요한 것을 위해 더 중요한 것을 거는 어리석음, 심지어 노름하다 집에 와 땅문서 들고 마누라 밀치고 뛰쳐나가는 뭔가 홀린 듯한 무모함, 다음 날 해 뜨면 도대체 무슨 짓을 한 거지, 망연자실은 불문가지다.

우리의 삶은 공동체의 삶이다. 가족, 지역, 국가 모두 공동체이다. 공동체는 마치 장미밭과 같다. 공동체의 구성원은 모두 장미밭을 아름답게 가꿔야 할 책무가 있다. 이를 위해 싸우는 것은 당연한 일이다.

피해야 할 싸움은 바로 줄기의 전쟁

그렇다면 우리는 전쟁 같은 삶에서 어떤 싸움을 하고 어떤 싸움을 피해야 할까? 먼저 피해야 할 싸움, 피할 수 있는 싸움은 줄기의 전쟁이다. 특히 돈에 얽힌 싸움은 피해야 한다. 대표적으로 돈으로 인한 집안 갈등이다. 부모가 물려줄 유산이 많으면 자손들이 조금이라도 더 많이 차지하기 위해 벌이는 진검승부는 가히 상상을 초월한다. 부모 앞에서 벌인 줄기의 싸움으로 꽃은 떨어지고 황폐해진다. 무엇을 더 얻기 위한 싸움인지도 모른 채 벌이는 승부는 서로를 황폐하게 만든다.

조선의 부호였던 이석영과 그 형제들은 모든 재산을 처분하고 만주로 망명해 그 돈을 독립운동을 위해 사용했다. 한푼 더 받겠다고 기를 쓰는 우리네가 입에 담기도 힘들 정도로 고귀한 베품에 그저 고개가 숙여진다. 이렇게까지는 하지 못하더라도 부모 돈으로 형제자매가 싸워서는

안 된다. 행여 싸우더라도 뿌리까지 흔들리는 악에 받힌 표독함을 보여
서는 안 된다. 물론 혹자는 "싸울 건덕지라도 있었으면…" 하고 푸념을
토해내겠지만 말이다.

물러설 수 없는 싸움은 바로 뿌리의 전쟁

작은 차이가 모여서 큰 차이가 되고, 습관이 모여서 성품이 된다. 그래서
우리는 습관을 바꿔야 하고 현재 삶의 관성에서 벗어나야 한다. 그러나
그 습관이라는 것이 어쩌면 삶의 대부분이라 습관을 바꾸라는 것은 삶
을 바꾸라는 말처럼 들리기도 한다.

　습관을 바꾸는 것은 자신의 뿌리를 흔드는 일이다. 흔들린 뿌리는
괴롭고 불편하다. 그리고 자꾸만 원래의 자리로 돌아가려 할 것이다. 그
러나 올바로 자리만 잡는다면 몸의 중심은 더욱 꼿꼿해진다. 이쯤해서
조인철의 『좋은 습관 BEST』에 나오는 글 중 2가지를 소개하고자 한다.
이 2가지로 무엇이 달라질까 싶겠지만 모든 시작은 한 가지부터이고 이
는 위대한 자기혁명의 시작이다.

> '종이에 쓴다고 하는 행위 자체가 대단한 효력을 가진다. 전 신경이 그
> 곳에 집중되기 때문이다. 자기 생각을 메모지에 기록하는 것은 자신의
> 마음에도 그것을 기록하는 것과 같으며 즉 마음에 새기는 것이므로 그
> 것을 잘 기억할 수 있게 될 뿐만 아니라 훨씬 오랫동안 기억될 것이다.'

종이에 글을 쓴다는 것은 그것을 경험해본 자만이 그 소중함을 안다. 말은 그럴싸하게 잘하지만 글로 표현하라고 하면 못하는 사람들이 의외로 많다. 물론 반대의 경우도 있겠지만 글로 표현이 안 되는 사람의 경우 직접 편지지나 원고지 혹은 노트에 글을 쓴다면 자신이 감화되는 무언가를 느낄 것이다. 글은 그 사람의 인성을 알 수 있는 가장 좋은 토대라고도 한다. 끊임없이 암살의 위협을 받았던 정조는 일기를 쓰면서 스트레스를 잠재웠다고 한다. 종이에 한 자 한 자 글을 쓴다면 글솜씨뿐만 아니라, 말도 조리 있게 할 수 있다. 말 표현이 정교해지고 좀더 절제성이 묻어나는 것은 덤이다.

'독사는 독을 담아두는 자루를 가지고 있다. 그리고 그 자루에서 나온 독은 교묘하게 몸 밖으로 배출되게 된다. 그러니까 자신에게 해가 미치지 않는다. 그러나 인간에게는 그런 식으로 인체구조가 되어 있지 않다. 스스로 생산한 독은 자신의 몸속에 둘 수밖에 없다.'

가끔 마음속에 독을 품은 사람들을 만나곤 한다. 마음속에 독을 품게 만드는 대표적인 원인은 첫째가 음식이고, 둘째가 독설이다. 음식은 가려 먹으면 조금은 걸러지겠지만 문제는 독설이다. 마음속의 독을 풀기 위해 독설을 내뱉곤 하는데 이것은 전혀 도움이 되지 않는다. 독을 뱉기 위해 독을 다시 생성하는 꼴이다. 이럴 때는 말을 천천히 하는 것이 좋다. 신중하게 좋은 말을 골라 쓰다 보면 신기하게도 대부분 고쳐진다.

뿌리의 전쟁에서 이겨야만

모두 힘겨운 자신과의 싸움이다. 어느 하나 그저 되는 것이 없으며 뿌린 후에 거두지 않는 비처럼 무상으로 주는 법은 없다. 우선은 뿌리의 싸움이 성품이 될 수 있도록 하루하루 좋은 습관을 쌓아가야 한다. 천릿길도 한 걸음부터이고 태산도 한줌에서 비롯되었다.

이렇게 자신과 싸워 이긴 자들은 높은 사람이 되었다. 알 만한 정치인, 법조인, 기업가가 그들이다. 이들은 싸움의 고수들이다. 말솜씨도 현란하다. 이겨본 사람들이다. 이들 중 상당수는 대한민국 국회로 모여든다. 그러나 이상하게도 이들끼리의 싸움이 생각만큼 훌륭한 수준이 아니다. 싸움은 현란했으나 결과는 남루하다. 줄기의 싸움을 했기 때문이다.

뿌리의 싸움을 권한다. 뿌리의 싸움은 장미밭을 건강하게 그리고 아름답게 변모시킬 것이다. 뿌리의 싸움은 눈에 보이지도 않는다. 그리고 조용하다. 모두가 잠든 어두운 밤에 얽히고설켜서 자고 나면 장미밭은 하루가 다르게 검붉게 우거질 것이다. 이런 세상 생각만 해도 가슴이 뿌듯하다.

이래저래 개인은 자기성장을 위해, 공동체는 번영을 위해 피할 수 없고 피해서는 안 되는 싸움, 곧 뿌리가 일으키는 장미밭의 혁명을 시작해야 한다.

변치 않고 살기 위해
변해야 하는 것

어느 날 어린 왕자가 나에게 물었다.

"왜 자꾸만 변화하라고 하죠?"

나는 말했다.

"변치 않고 살기 위해서….."

그리고 또 누군가 말했다.

"변화하지 않는 유일한 시설은 공동묘지다."

〈오~ 그대여 변치 마오〉는 1972년 남진이 부른 노래다. 정말 변치 말기를 원했다면 "오~ 그대여 변해다오"라고 했어야 했다. 2022년 1월 5일 대한민국 20대 대통령선거를 두고 각 캠프가 총력을 기울이고 있는 가운데 윤석열 선대위는 해체를 선언했다. 혹자는 자폭테러라고 했지만 윤석열은 숙고 끝에 변화를 선택했다. 결과를 떠나서 분명한 것은 변화를 선택할 만큼 위중한 때라는 것이다. 만약 이 변화로 맥락을 바꿨다면 후에 반추할 때 결정적 순간으로 기록될 것이다. 이것은 철저하게 리더의 몫이다.

결론부터 말하자면 변화하고 혁신해야 할 시기는 따로 정해져 있는 것이 아니다. 특히 리더는 현재 조직이 어떤 상황에 처했고 어떤 모습으로 비춰지는지 가장 먼저 인식해야 하고, 의도적으로 조직원 모두 조직의 위기를 공통적으로 받아들일 수 있도록 이끌어가야 한다.

지금 이 순간이 오늘에야 깨닫는 과거의 그때

간혹 우리는 과거를 돌이켜 후회어린 말을 한다. "아, 그때 그렇게 할 것을…" 후회해본들 지난 과거를 돌이킬 순 없다. 하지만 이를 통해 바로 이 순간이 오늘에야 깨닫는 과거의 그때라는 것을 알 수는 있을 것이다.

만약 미래의 후회를 줄이고 싶다면 현재의 후회를 더듬어보면서 무엇이 잘못됐는지를 살펴야 한다. 그리고 보완하고 대비해야 한다. 이것이 바로 변화다.

반려동물을 키운 적이 있었다. 당시 2살이었던 요크셔테리어 품종이었는데 이름은 코비, 성은 스티븐이었다. 집에 들어서면 반가움의 세리머니가 장난이 아니었다. 세리머니의 피날레는 자신의 먹거리를 주는 것이다. 자신이 먹을 사료 두세 알을 물어다 내 앞에 톡 하고 떨어뜨린다. 이는 다른 어떤 강아지와도 구별되는 행동이다. 코비는 유난히 영특했다.

어느 날 코비를 데리고 산책을 나갔는데 천방지축 날뛰던 이 영특한 강아지가 자신의 똑똑함을 과신한 나머지 내 시야에서 벗어난 것이다. 그야말로 식자우환이다. 백주 대낮에 학교 운동장에서 사라졌으니 곧 돌아오겠지, 하면서 크게 걱정하지 않았다. 금방 찾을 수 있다고 대수롭지 않게 생각했다.

하지만 코비는 나타나지 않았다. 시간이 지날수록 상황은 심각해졌다. 믿음은 나를 버리고 멀리멀리 손수건을 흔들며 사라졌다. 말로만 듣던 강아지를 잃어버리는 바로 그 순간이었다. 그때 나는 코비와 산책을 나갈 경우 반드시 목줄에 연락처가 새겨진 인식표를 달아줘야 했고, 쉽사리 안전한 곳이 아니면 목줄을 풀지 말아야 했고, 길게 풀 수 있는 자동 리드 줄을 선택해야 했고, 반려동물등록 칩을 몸속에 심었어야 했다. 그렇게 하지 못한 나는 소중한 코비를 잃어버린 것이다.

반 박자만 앞서가자

살아가면서 어떤 일이 맞닥뜨릴지 모른다. 그렇기 때문에 매사에 준비를 단단히 해야 한다. 회사나 가정, 개인이나 조직 등 예외는 없다. 변화는 사소한 것부터 필요하다. 변치 않고 건강하게 살기 위해 오늘 뛰어야 하고, 근력을 유지하기 위해 팔굽혀펴기를 하고, 체중을 유지하기 위해 군 것질을 삼가야 한다. 토익점수를 올리기 위해 매일 영어단어 10개씩 외워야 하고, 내 집 마련을 위해 주택청약저축에 가입하고 매달 일정액을 꾸준히 납입해야 한다. 이 모든 것이 변화다.

목적은 변함없이 살기 위함이다. 여기서 유의할 것이 있다. 조직은 절대 개인을 기다리지 않는다. 컴퓨터와 친하지 않은 50대의 노인을 개조하느니 웹에 정통한 20대의 젊은이를 고용하는 편이 쉽다면 그들의 선택은 뻔하다. 아무리 섭섭해도 이 경우 과거의 돈독한 정은 없다. 무조건 변화 이상의 것이 필요한 것이다.

그래야 미래에서 바라본 오늘이 빛을 발하게 된다. 혹시 앞에서 리더가 위기의식을 빨리 인지해야 한다는 전제 조건을 걸어, 이 글이 리더에게만 해당하는 메시지라고 생각하면 안 된다. 지금 리더가 아니라도 리더가 될 때를 준비해야 할 마음가짐이기도 하다.

삶은 짧지 않고 시시각각 벌어지는 사건은 무궁무진하다. 누구나 수없이 여러 상황과 문제에 봉착하게 된다. 대부분은 누군가가 이미 겪은 것들이고 검증된 것들이다. 그러나 그것들이 나와 마주할 때마다 낯설다. 직면하는 상황이 낯설면 낯설수록 나의 변화는 더딘 것이다.

변화에 적응하는 것은 마치 노래방의 반주기와 같다. 내가 숨차게 따라가지 말고 반주기가 나를 따를 수 있도록 반 박자 앞서가며 리듬을 타야 한다. 허겁지겁 움직이는 글자를 좇다 보면 노래도 망치고 숨만 차다. 높은 점수를 기대하는 것은 면목 없는 일이다. 이것과 변화를 반기고 즐기는 것은 크게 다르지 않다.

한사코 사양해도
기필코 가야 하는 길

혁신이라는 말은 변화와 동행한다. 단독으로 쓰이기보다는 '변화와 혁신'이라는 묶음이 좀더 익숙하게 다가온다. 변화의 목적은 생존이며 혁신의 목적은 번영이다. 그래서 '변화와 혁신'의 다른 말은 '생존과 번영'이다.

생존의 차원을 넘어서면 혁신 즉 번영의 길로 들어서는 것이다. 혁신은 묵은 풍속이나 관습, 조직, 방법 따위를 완전히 바꿔 새롭게 하는 것이다. 이대로 충분한 것은 아무것도 없다.

삼성과 애플처럼 잘나가는 회사도 이대로는 없으며, 동네 대장간이나 고물상, 구멍가게도 이대로는 없다. 오히려 잘나가는 초일류 기업일수록 혁신은 강조되고 체계적이며 전 직원을 극한으로 내몬다. 물론 친절하게 말이다. 개인도 마찬가지다. 잘나가는 사람일수록 자신을 혁신으로 내몰고 자기 자신이 편한 꼴을 보지 못한다.

그래서 혁신은 '이대로는 안 된다'로 정의해도 무방할 것이다. 그렇다면 '이대로는 안 된다'는 말을 행동이 수반된 언어로 변환해야 구성원들이 움직일 것이다. '이대로는 안 된다'고 아무리 외쳐봐야 기껏 야단치는 것밖에는 되지 않는다.

비전을 행동으로

기업의 행동은 비전Vision으로부터 비롯된다. 비전은 전략적 목표BHAG, Big Hairy Audacious Goals로, 전략적 목표는 핵심 성공 요소Critical Success Factor로, 핵심 성공 요소는 KPIKey Performance Indicator로 전개되어 비전을 꼭짓점에 두고 피라미드로 펼쳐져 조직 전반에 전파된다. 이후 KPI는 행동계획으로 변환되어 프로젝트를 통해 실천으로 이어지게 되는 것이다.

에드워드 데밍과 함께 품질경영의 진정한 전문가로 손꼽히는 주란은 "기업이 번영할 수 있는 유일한 방법은 프로젝트"라고 말했으며 덧붙여 "다른 방법은 없다"라고 강조했다. 매해 2배씩 용량을 늘려왔던 메모리 반도체 기술, 날이 새면 더 선명해지는 디스플레이 기술, 전기자동차, 자율주행, 반으로 접히는 스마트폰, 인공지능, 5G 등 이루 말할 수 없는 기술발전의 이면에는 모두 목표와 기한을 정해놓고 팀이 사활을 걸고 질주해온 프로젝트가 있었다.

이는 우리가 알고 있던 통념적 프로젝트보다는 훨씬 절실하고 치열한 것이다. 프로젝트의 반대말은 일상 업무며 프로젝트로 해야 할 일을 일상 업무로 한다면 속도와 성과는 반감될 것이 뻔하다.

혁신은 바꾸어 말하면 구성원들의 눈앞에 프로젝트가 놓여 있는 것이며 이것이 바로 무게이고 이것만 없다면 직장생활은 새털처럼 가벼워질 테지만 간간이 느끼는 짜릿한 보람은 아련해지고 두둑한 보너스는 전설이 될 것이다.

이처럼 최고 경영자의 가장 중요하고 시급한 현안이 프로젝트로 변환되어 구성원들의 행동을 촉구하며 공동체의 목표를 향해 가는 것이다. 이것이 조직 구성원들을 움직여가는 기업의 방식이다. 단순히 움직여서는 결코 달성할 수 없다. 매우 바삐 전력을 다해야 가능할 법한 일이다. 개인은 어떠한가? 가장 뚜렷한 차이는 목표의 유무다. 목표를 가지고 있는 자는 분명히 혁신가다. 이 사람은 절대로 자신을 가만두지 않는다.

한때 휴대폰을 작게 만드는 것이 유행인 시절이 있었다. 정말 작아져서 손 안에 쥐어질 정도였다. 국내에서는 삼성과 LG의 선두 다툼이 한창이었다. 직접 컨설턴트로 참여하고 있었던 터라 생생한 혁신의 현장을 목격할 수 있었다.

제품개발 연구원들은 더 줄일 수 있는 공간이 없다고 했지만 리더는 휴대폰을 랩으로 감싸고 주사기로 휴대폰에 물을 주입하기 시작했다.

물이 흘러 넘칠 때까지 주사한 뒤 보란 듯이 랩에 구멍을 뚫고 물을 받았다. 목표가 정해졌다. 받아낸 물의 부피만큼 더 줄이는 것이다. 혁신이란 이런 것이다. 일본 속담에 '마른 수건도 짜면 물이 나온다'라는 말이 있다. 혁신의 현장에 자주 떠도는 말이다.

혁신의 시기

혁신이 필요할 때는 언제일까? 하나, 위기에 직면했을 때다. 난국을 타개하고 위기를 기회로 만드는 절체절명의 이유가 생겼을 때다. 방향 없이 동분서주하는 것이 아니고 체계적으로 행동의 방향을 설정하고 의도된 목표를 전 조직원이 똑같이 바라보면서 기민하게 움직여가야 할 필요성이 생긴 때다.

둘, 5~10년 후에 도래될 위기를 미리 통찰하고 그때 우리가 변화돼 있어야 할 바람직할 모습을 현재에 그리고 우리 조직에 적합한 변화의 프로그램을 설계하여 몰입해가야 할 안목이 생긴 때다.

이 둘을 비교하자면 어떨까? 전자는 바쁘고 후자는 여유가 있다. 전자는 건강하고 후자는 더할 나위 없이 더 건강하다. 전자는 실패할 위험이 크고 후자는 성공할 기회가 높다. 전자는 실패가 곧 종말을 의미하고, 후자는 실패가 거울이고 학습이 될 수 있다. 후자가 이겼다.

이 정도면 나무랄 데 없는 완벽한 승리다. 급한 일이 있고 중요한 일이 있다. 반면 급하지 않은 일이 있고 중요하지 않은 일이 있다. 물에 빠진 사람을 건져내는 일은 급하고도 중요한 일이다. 이런 일은 누구나 본능적으로 한다.

혁신은 오늘 하지 않아도 될 일을 오늘 하는 것

오늘 영어단어 하나 외우는 것과 아침 일찍 일어나 조깅하는 것은 중요한 일이지만 그다지 급한 일은 아니다. 오늘 안 한다고 내일 당장 무슨 일이 생길 리도 없다.

그러나 이런 작은 행동이 그 사람의 미래를 결정한다. 내일은 아무 일도 일어나지 않겠지만 10년 후, 20년 후에는 경천동지할 일이 일어난다. 즉, 급하지는 않지만 중요한 일, 이 일을 꾸준히 지켜가는 사람이 혁신가다. 혁신은 이런 것이다. 오늘 하지 않아도 아무런 일도 일어나지 않는 그런 일을 오늘 하는 것. 그리고 그것들을 차곡차곡 쌓아가는 것.

사람을 움직이는
묘약은?

조직이 성과를 내기 위해서는 구성원의 힘이 응집돼야 한다. 이는 사소한 친목 단체도 마찬가지일 것이다. 그런데 어떻게 응집시킬 것인가가 문제다. 응집만 시키면 되는데 응집시킬 방법이 뾰족하게 떠오르지 않는다. 그야말로 고양이 목에 방울 달기다.

이는 리더의 몫이다. 리더는 무엇으로 구성원을 하나로 만들 것인가? 윽박질러서? 아니면 하나하나 쫓아다니며 잔소리? 아니다. 가장 효과적인 방법은 스스로 움직이게 만드는 것이다.

스스로 움직이지 않는데 특히 요즘같이 자유분방한 시대에 리더가 어찌할 방법은 없다. 그럼 스스로 움직여야 할 이유는 어디에서 찾을까? 답은 위기감에서 찾아야 한다. 안일하게 행동하다가는 이 조직이 없어지고, 너와 나의 책상이 없어지고 만다는 그런 위기의식 말이다. 그러나 양치기 소년의 '늑대'와 같은 위기감은 먹혀들지 않을 것이다. 심지어 내성이 생겨 이후 백약이 무효가 될지도 모르니 주의해야 한다.

움직임의 동력은 위기의식

개인이나 조직은 위기의식이 없을 때 절대로 능동적으로 움직이지 않는다. 만약에 움직인다면 그것은 그냥 시늉일 뿐이다. 현재의 성과에 만족하고 전혀 변화의 필요를 느끼지 못하는 구성원들이 변화를 강요받으면 그들은 강요에 못 이겨 불만을 품고 시늉을 하게 된다. 그들을 능동적으로 변화에 동참시키려면 미래의 상황에 대한 공통의 인식을 확보해야 한다.

인간의 마음은 무언가를 갖고 싶어하는 데에서 파동이 일기 시작한다. 바로 그 부분을 자극하는 것이다. 상대방의 마음에 강한 욕구를 불러일으켜야 한다. 이 욕구의 반대 방향이 위기감이다. 위기감은 무언가를 상실할 수도 있는 가능성이다. 새로운 것을 가지고 싶은 욕구만큼이나 무엇인가를 잃어버릴 수도 있는 위기감은 스스로 움직여야 할 충분한 동기부여가 된다.

한국은 사계절이 확실한 나라다. 겨울이 가면 봄이 오는 것은 자연의 이치다. 그렇다면 비즈니스도 그럴까? 비즈니스의 봄은 자연의 이치에 따르지 않는다. 경영의 성과는 그 결과가 불확실하고 현재진행형으로 우리가 체감하기는 매우 어렵다. 그래서 혁신이 필요한 것이다.

그렇다고 혁신을 강요해선 안 된다. 조직원들이 자발적으로 혁신의 꽃을 피워야 한다. 그들 스스로 미래의 환경 변화를 분석해야 한다. 그리고 경쟁자의 움직임과 고객의 행동 패턴이나 제품 및 기술의 진화 방향을 스스로 진단해야 한다.

스스로 움직여야 꽃이 핀다

자발적으로 혁신 전후의 차이를 인식해야 새로운 긍정적인 목표가 탄생한다. 이렇게 만들어진 목표는 변화의 씨앗이고 그것을 뿌리면 혁신의 싹이 튼다.

처음에는 미래에 대한 통찰이 쉽지 않을 것이다. 그들은 혁신의 전문가가 아니기 때문이다. 그렇다고 누군가에게 의존해 혁신을 좇는다면 조직원들은 시늉만 하게 된다. 그 정도로 훌륭한 성과를 낼 수 있다면 기적 같은 일이겠지만 대부분은 실패로 끝날 확률이 높다.

리더는 구성원들 스스로 혁신의 꽃을 피울 수 있도록 기운을 돋워야 한다. 이것을 반복하다 보면 구성원들도 익숙해지고 미래에 대한 통찰력이 높아질 것이다.

능동적인 움직임과 시늉은 겉으로 보기에는 차이가 없으나 결과는 판이하다. 시늉만 해서 훌륭한 성과를 낸다는 것은 마치 '바닷속에서 독수리를 잡았다'는 말보다 더 기적 같은 말이다.

결론적으로 사람을 움직이는 가장 좋은 방법은 스스로 움직이고 싶은 마음이 들게 하는 것이다. 그리고 그때까지 기다려줘야 한다. 오죽하면 하느님도 사람을 심판하기 위해 죽을 때까지 기다려준다고 하지 않는가? 이런 자발적인 마음이 들도록 유도하는 것, 바로 위기감 혹은 위기의식이다. 이것이 사람을 움직이게 만드는 묘약이다.

　　매번 담배를 끊지 못하는 사람이 있다. 방법이 없을까? 안타까운 이야기지만 건강을 해치는 병에 걸리면 바로 담배와 라이터는 쓰레기통으로 돌진할 것이다. 명예나 돈보다 훨씬 중요한 건강을 잃었다는 혹은 잃을 수 있다는 위기의식이 담배를 끊는 강한 원동력이 되는 것이다. 여태입 아프게 말했던 위기감이란 바로 이런 것이다.

재빨리 법을
만드는 자가 이긴다

●
●

　　법을 만드는 자와 법을 따라야 하는 자가 있다. 날이 갈수록 법을 만드는 자가 늘어난다. 마이크로소프트가 먼저 법을 만들었다. 컴퓨터 운영체계에 관한 한 누구든 이 회사의 법을 따라야 한다. 마이크로소프트 오피스는 덤이다. 구글은 스마트폰 운영체계의 법을 만들었다. 안드로이드 사용자는 이 회사의 법을 따라야 한다. 대한민국에서 택시 잡으려면 카카오를 먼저 잡아야 한다. 그들이 먼저 법을 만들었기 때문이다. 매일매일 날이 새면 새로운 법이 탄생할 것이다.

　　지금은 불확실성과 모호성이 함께 존재하는 과거 어느 때보다도 위험한 시대다. 불확실성이란 엑슨모빌이 멕시코만 바닥을 파서 탄화수소가 나올 확률이 45~55%라고 말하는 것이고, 모호성은 멕시코만이 어디이며 탄화수소는 또 무엇이냐고 묻는 것이다.

　　이를 대한민국에 대입해보자. 불확실성은 대학 졸업반인 당신들이 대기업에 취업할 확률은 10% 미만이라고 말하는 것이고, 모호성은 어느 기업이 대기업이고 취업이 무엇이냐고 묻는 것이다.

이러한 불확실성과 모호성이 존재하는 시대에는 새로운 게임의 법칙이 만들어지기 마련이다. 물론 새로운 위험에 직면해 있는 것도 이미 주지의 사실이다.

새로운 법을 만드는 자가 되기 위해선 '2사 1행의 힘'이 필요

불같이 행동하는 자, 세상을 바꿀 수 있을 정도로 행동이 과감한 자만이 살아남는다. 대부분은 실패의 불길에 휩싸일 것이다. 그 불길에 휩싸이더라도 그것을 뚫고 나오는 자는 승리한다. 여기서 불길을 회피한 자는 어디에 속할까? 반칙으로 레드카드다.

한국은, 아니 어느 나라에서든 출신학교와 시험 점수로 우수한 자를 뽑는 원칙이 있다. 하지만 지금부터는 그 원칙이 빠른 속도로 무너질 것이다. 우수한 자의 새로운 척도는 새로운 법칙에 살아남을 가공할 만한 자신만의 무기가 있고, 그것을 얼마나 민첩하게 활용하느냐가 될 것이다.

승리하기 위해선 어떻게 해야 할까? 2개의 사고력과 하나의 행동력으로 그것을 이룰 수 있을 것이다. 우선은 '2사 1행의 힘'이라고 명명해보자. 첫째는 유연하게 생각하는 힘, 둘째는 자유롭게 생각하는 힘, 셋째는 민첩하게 행동하는 힘이다.

첫째 유연하게 생각하는 힘은 자신에게 주어진 상황을 유연하게 바라보고 관찰하는 것에서 시작한다. 언제 불길을 뚫고 나갈 일이 생길지 모르는 일이기 때문에 모든 상황을 다 고려하면서 유연하게 생각하는 힘을 길러야 한다.

둘째 자유롭게 생각하는 힘은 흔히 "자유로운 창조적 사고"라고 부르는 것이다. 오늘은 누구나 러시아의 최대 천연가스를 만들어내는 기업의 수장이 될 수 있다. 내일은 빙판에서 빙글빙글 돌며 가장 아름다운 기술을 선보이는 피겨스케이팅 선수가 될 수도 있다. 실제로 되든 안 되든 상관없다. 나는 무엇이든 할 수 있다고 생각하는 것이다.

여기서 자기만의 고정관념 또는 고집을 버리는 것이 좋다. 나이가 들수록 고집, 아집이 생기는데 이는 뇌의 전두엽과 관련이 있다. 특히 전두엽의 노화가 고집이 세어지는 것에 영향을 주는데 사람이 나이를 먹을 때 가장 빨리 퇴화하는 뇌의 부위가 전두엽이고, 전두엽이 퇴화하여 위축되면 의사와 가치 판단을 조절하는 힘과 의욕, 창조성, 자발성, 유연성 등이 떨어진다고 한다. 나이 들면서 이 같은 사실을 인식하면 된다. 나의 고집은 전두엽의 노화 때문이니 그것을 스스로 인정하고 의도적으로 조심하고 자제하면 충분히 효과가 있을 것이다.

한편으로는 고집이 마냥 나쁘다고는 할 수 없다. 다만 그것으로 자신을 올가미 치면 자신의 사고와 행동에 제약이 생긴다. 제약이 생기면 자유롭게 생각하는 것이 불가능하다. 우리는 어디든 갈 수 있고, 누구라도 될 수 있다. 이 물건은 왜 만들어졌고 이 길은 왜 필요했을까? 끊임없는 호기심은 의문을 낳고 의문은 뇌를 자극하게 될 것이다. 그렇다고 베짱이처럼 빈둥빈둥 놀면서 상상만 하라는 것은 아니다. 하긴 요즘은 베짱이처럼 빈둥빈둥 노래만 부르다 개미보다 더 돈을 많이 벌었다는 베짱이도 있으니, 이것도 괜찮을 듯싶다. 다만 행동력이 뒷받침돼야 한다. 그리고 노력이 결과를 좌우하는 것도 빼놓아서는 안 된다.

셋째는 민첩하게 행동하는 힘이다. 기회는 매일매일 수없이 생길 수 있다. 우리는 그 기회를 잡기 위해 달려들어야 한다. 그러기 위해선 민첩하게 행동하는 순발력과 힘이 있어야 한다.

새로운 운동장이 생기면 새로운 법이 필요

날이 새면 새로운 운동장이 만들어진다. 이 운동장에는 새로운 법이 필요하다. 새 운동장에 법을 만든 사람과 그저 그 운동장에서 뛰어노는 사람이 마주 서 있다. 누가 이길까? 그야말로 입만 아픈 질문이다.

금! 더는 캐는 것이 아니다, 만드는 것이다

●
●

    예나 지금이나 사람들이 변함없이 좋아하는 것, 금이다. 돈은 변할 수 있어도 금은 변하지 않는다. 어느 때나 어느 곳에서나 동서고금을 막론하고 그 고유한 가치를 잃어버렸던 단 한 순간도 없었다. 요즘은 비트코인이 가치저장의 수단으로 등장하고 있다. 그러나 아직 여러 해석이 있으며 등락이 불완전해 투자 목적으로는 상당한 위험성이 내포되어 있다. 그렇기는 하지만 금이 유일할 것이라고 믿었던 태곳적 믿음이 살짝 금이 간 것은 분명한 일이다.

    우리가 주목해야 할 것은 가치다. 가치는 고정되어 있지 않다. 시대 상황이나 여러 경제적 환경에 따라 시시각각 변한다. 가치가 움직이기 때문에 사람들이 민감하게 반응하는 것이다. 살아온 세월, 살고 있고, 살아가야 할 시간이 있다. 어느 때는 땅을 사고, 어느 때는 주식을 사고, 어느 때는 비트코인을 산다. 다 가치를 상승시키기 위함이다.

우리는 지금 오직 금을 쫓아 하늘에 올라가려고 하는 한 여인을 목격하게 된다. 이 여인을 통해 금은 무엇이고 어디로 가고 있는지 따라가보자.

'모든 반짝이는 것이 금이라고 믿는 여인이 하늘에 오르는 사다리를 사려고 하나 이미 그 상점은 문을 닫았다.'

영국이 낳은 전설적인 록 그룹 레드제플린의 대표곡 〈Stairway to Heaven〉의 노랫말이다.

그때나 지금이나 남녀노소, 갑남을녀 누구를 막론하고 서 있는 자는 모두 금을 찾아 나서는 것이 당연한 일이다. 그러나 세월 따라 시대 따라 이 여인이 그토록 갈망했던 금은 달라지고 있다.

기업의 가장 큰 미덕은 금을 많이 만드는 것

우리 사회에서 금을 만들어내는 곳은 어디인가? 기업이다. 우리나라의 경우 가장 많이 금을 만들어내는 곳은 삼성전자, 현대차, 포스코, LG전자… 등이다. 이 금이 세상에 뿌려져서 우리 삶을 풍요롭게 만드는 것이다.

기업 최고의 미덕은 돈을 버는 것이다. 더 큰 미덕은 돈을 아주 많이 버는 것이다. 그러기 위해서 기업이 잘해야 하는 것은 경영이다. 경영은 가치의 흐름을 좇아 가장 민감하게 움직여 기어이 금을 찾고야 마는 최고의 더듬이가 되어야 한다.

금을 가장 많이 만드는 '창조경영'

최근 20년을 돌아보면 경영에 숱한 수식어가 패션처럼 붙었지만, 으뜸은 '창조경영'이다. 즉, 금을 가장 많이 그리고 효과적으로 만들어내는 경영의 대명사인 것이다.

최초인지는 모르겠으나 삼성 이건희 회장이 회자했고 박근혜 정부 시절 '창조경제'란 말로 진화되어 지역마다 창조센터를 두며 실효적 역할과 실체적 정의에 논란이 많았다.

'창조경영'이라는 말이 등장한 그즈음에 이에 대해 올바른 정의를 내리고자 대학교수, 컨설턴트, 경제연구소, 기업의 헤드쿼터 등 모두 나름대로 한마디씩 했다. 요즘은 '4차 산업 혁명'을 두고 저마다 한마디씩 하는 형국과 비슷하다고 보면 된다.

이때 나는 여러 강의와 기고문에서 명확하게 창조경영에 대해 밝혔다. 그 내용의 기조가 지금 하는 이야기며 당시 많은 매체에서 필자의 주장을 인용한 바 있다. 그리고 세월이 지나 현재의 기준에서 보면 철 지난 패션처럼 진부하게 느낄 수 있겠으나 그렇게 느낄 성질의 것이 아니다. 창조경영은 시대와 상황에 따라 그 중요성이 달라져야 할 성질의 것이 아니며 경영이 고유하게 중요하듯이 창조경영의 유효기간도 여전히 끝나지 않았다.

　다시 돌아와서 '창조경영'은 기업이 금을 가장 효과적으로 만들어내는 방법이라면 '창조경제'는 국가가 금을 가장 효과적으로 만들어내는 방법이라고 할 수 있다. 지금 이 시대에 더욱 주목해야 할 명제이기도 하다.

흔하고 흔한 말이지만 가장 중요한 창조와 경영

우선 말의 문맥부터 살펴보도록 하자. '경영'은 흔한 말이다. '창조'도 그렇다. '창조경영'은… 익숙한 듯하면서 자못 낯설다.

　우선 '창조'부터 살펴보면, 창조는 경영의 수식어인가? 아니면 경영의 목적어인가? 경영의 수식어라면 '창조적인 경영'이 그 본연이고 줄여서 '창조경영'이 된다. '창조적인 경영'은 말로써는 손색이 없다. 그러나 그 실체는 애매하다.

　경영자의 창의적인 통찰력을 중시하는 말이라면 너무도 당연한 것이고 '창조적 성과를 내는 경영'의 의미라면 '창조'는 목적이 된다. 그러므로 창조경영을 '창조적 경영'의 의미로 받아들이기에는 여러 가지 면에서 한계가 있어 보인다.

　그렇다면 '창조'를 경영의 목적으로 살펴볼 필요가 있겠다.

　경영이 추구하는 목적상 '창조'는 대단히 추상적이다. 좀더 의미 전달을 명확히 하기 위해서는 '창조의 주체를 명확히 하는 것이 필요하다. 즉 창조의 'What'을 찾는 것이다.

창조의 'What'은 가치Value가 타당할 것으로 보인다. 이런저런 사유로 '창조경영'은 '가치창조경영'의 줄임말로 보는 것이 가장 적합하다. 이의 근거는 다음과 같은 이유에서다.

2007년 박수근 화백의 〈시장의 사람들〉이란 작품은 경매시장에서 25억 원에 낙찰됐다. 당시 S그룹의 한 고위 임원은 이를 가리켜 원가는 10만 원 미만이며 초기 판매가는 30만 원 정도였는데 가치 판단에 의해 25억 원에 이르게 되었다며 당시 그룹들의 경영 기조인 '제4의 물결', '창조경영'의 실체를 잡는 화두로 제시한 바 있다. 즉 '창조경영'은 투자 대비 엄청난 성과를 창출해내는 경영, 바꾸어 말하면 기업이 만드는 상품을 통해서 괄목할 만한 가치를 만들어내는 경영을 '창조경영'이라고 말하는 것이다.

모든 반짝이는 것이 금이라고 믿는, 그리고 아직도 어찌할 바를 모르고 걷고 있는 그 여인에게 말한다. 지금은 하늘에 오르는 사다리를 살 것이 아니라 금을 가장 잘 만드는 기업을 찾아야 한다고, 그리고 그 회사가 어떻게 반짝여서 금이 되는지를 알아야 한다고. 상점은 곳곳에서 문을 열고 이제 이 여인의 선택을 기다리고 있다. 누가 봐도 지금은 이 여인과 이 여인을 추앙하는 수많은 사람이 결정할 차례다.

삼성전자
얼마예요?

●
●

　　삼성전자 주식은 시장 환경에 크게 널뛰지 않으면서 지난 수십 년간 지속해서 상승을 견인해온 안정적인 상품이다. 이곳에 장기적으로 투자한 사람들은 최소 몇 배의 수익을 올렸을 것이다. 통상적으로 기업의 가치는 장부가에 프리미엄이 붙여진 금액이다. 장부가는 자산에서 부채를 뺀 값이며 기업의 가치는 주가에 주식발행 총수를 곱하면 된다. 이것이 주식시장에서 판단하는 기업의 가치다.

　　애플의 경우 실시간 오르내림은 있겠으나 2022년 현재, 기업의 가치가 약 2,771조^{2022년 6월 기준}에 이른다. 장부가는 약 87조^{2022년 3월 기준}에 불과하다. 그렇다면 시장에서 약 2,684조의 프리미엄이 붙은 것이다. 즉 아파트 분양가와 시장가의 차이를 통상 시세차익이라고 한다면 비슷한 개념으로 볼 수 있다. 즉 장부가가 현재 가치라면 프리미엄은 미래 가치인 셈이다.

삼성전자의 경우에는 기업의 가치가 약 349조2022년 6월 기준에 이른다. 장부가는 315조2022년 3월 기준다. 그렇다면 시장에서 약 34조의 프리미엄을 인정해주는 것이다. 삼성과 애플만을 단순하게 숫자로 비교해봐도 엄청난 차이를 볼 수 있다. 삼성전자는 아직 갈 길이 멀어 보인다. 이는 암담하다는 것이 아니라 미래가 무궁무진하다는 의미다.

테슬라와 구글은 더 극명한 대조를 보인다. 세계 시가총액 10위 기업들의 분야가 급격히 바뀌고 있다. 최근에는 대부분 IT 업종이다. 넓은 공장이나 고가의 생산 시설, 대규모 인력이 필요한 회사들이 아니다. 4차 산업혁명 때문이다.

기업이 가치를 높이기 위해 무엇을 해야 할까? 자산을 불리기 위해 부동산을 사야 할까? 전혀 틀린 말은 아니다. 과거 기업들이 현재의 가치를 만들기까지 부동산이 한몫한 것도 사실이다.

프리미엄은 메가트렌드를 타고 다닌다

기업이 경영에서 추구해야 할 것은 바로 시장에서 얹어주는 '프리미엄'이다. 이것이 창조경영의 첫걸음이다. 프리미엄은 시장이 주는 기대치다. 이 기대에 부응하는 것은 바로 '기술'이다. 여러 환경으로 인해 기대치가 올라가는 경우가 있지만 이것에 대한 거품이 빠지면 바로 추락이다. 코로나 팬데믹으로 넷플릭스는 가입자 수를 늘려가면서 고공행진을 했지만 코로나 엔데믹으로 인해 가입자 수가 줄어들면서 순식간에 시가총액 66조가 사라졌다.

다시 말하면 '창조경영'이란? 시장에서 판단하는 기업의 값을 높이는 경영이며 이는 곧 가치에 반영된다. 그러나 구조적인 자산들은 움직임이 둔하다. 민감도가 높은 것이 미래 가치이고, 이것이 기업의 프리미엄이다.

다만 '창조경영'의 핵심은 기업의 시각이 아니라 고객이나 시장의 시각으로 바라봐야 한다는 점에 있다. 즉, 기업이 할 수 있는 것을 하는 것이 아니라 시장이 인정해주는 것을 해야 한다는 의미다.

그러기 위해선 트렌트를 명확하게 읽어야 한다. 그것에 맞춰 미래 가치를 정의하는 것이 중요하다. 『악마의 시』에서 이슬람교를 비판한 살만 루슈디는 "캘리포니아에서 일어난 살인 사건을 설명하기 위해서는 카슈미르의 역사를 이해해야 한다"고 말했듯이 서로 스며들어 있는 세상에서 과거와 현재 그리고 미래는 삶에서 우연히 마주치는 급작스러운 요동과 덜컥거림, 소동 등이 복잡하게 얽히고설킨 직물과도 같다.

이 시대 가치의 흐름이 어디로 향하고 있는가?

이 시대의 금은 무엇인가? 가치의 흐름이 어디로 향하고 있는가? 금을 만들어내는 기업은 미래 가치 즉, 프리미엄에 초점을 맞추고 있다. 애플과 삼성은 스마트폰 신기술 경쟁을 벌이며 사생결단을, 현대자동차는 수소차를 앞세워 에너지 플랫폼 싸움에 사활을, LG에너지솔루션은 이제 자동차는 전자제품이고 배터리가 핵심이라고 주장하고 있다.

혹시 나와는 상관없다고 생각하는가? 아니다. 우리도 이 싸움터에 참가한 전사다. 그리고 우리의 힘으로 승부를 가를 수 있다. 무엇이 금인지, 어느 금이 저울추가 확 내려가게끔 무게가 있는지 결정할 차례다. 물론 싸움 중인 전사도 있을 것이다. 상점은 열려 있고 저기쯤 천국의 계단이 보인다.

2가지의 소식이 있다.

하나는 불확실성은 증가하기 때문에 금을 찾기가 점점 어려워지고 있다는 것. 다른 하나는 금이 도처에 깔려 있다는 것.

빼앗길 수도, 분실할 수도 없는 유전인자 기업 문화!

쉽게 모방할 수 있다면 핵심역량이 아니다. 반대로 결코 모방할 수 없다면 분명 핵심역량이다. 핵심역량이란 고객에게 가치를 주고, 모방할 수 없으며, 무한한 확장성을 가진 역량을 말한다. 그야말로 절대강자의 고유한 역량인 것이다. 위대한 기업을 들여다보면 결코 다른 기업에서 모방할 수 없는 기업 문화가 있다. 이는 위대한 국가도 마찬가지다. 그리고 일상을 살아가는 위대한 우리도 마찬가지다.

위대한 기업의 경영관과 가치관을 알아볼 수 있는 기업 문화는 어느 한순간에 만들어지는 것이 아니다. 그 때문에 지금도 많은 기업이 '□□기업' 하면 단번에 떠오르는 이미지를 구축하기 위해 전력을 다하고 있다.

우리가 느끼는 마이크로소프트의 캐주얼한 이미지, 골드만삭스의 중후한 분위기는 끊임없는 노력 속에서 얻어진 결과물들이다. 기업 문화는 세월 따라 한 줄씩 생겨나는 나이테처럼 그렇게 약속된 것은 아니다.

전략적 자산으로 재인식되고 있는 기업 문화

이전에는 단순히 기업 내 조직 분위기, 구성원 간의 암묵적인 공유가치 shared value 정도로 인식되던 기업 문화가 이제는 원활한 기업 경영과 경쟁력 확보의 성패를 좌우하는 핵심 자원으로 인식되고 있다. 그래서 기업 문화는 기업의 근본 체질에 맞는 전략 선택, 위기 극복turnaround 방안, 대규모 인수합병 결정 사안 등 경영의 주요 사항을 결정하는 핵심 요소로 작용하고 있다. 하지만 기업 문화를 적절히 관리하지 못하면 기업 문화는 오히려 기업에 장애 요인으로 작용할 수 있다. 그야말로 어떻게 관리하느냐에 따라 약이 될 수도, 독이 될 수도 있는 것이다.

제너럴일렉트릭은 경영 방침을 '유기적 성장전략'으로 정하면서 이러한 성장전략의 변화를 지원하기 위해 '유기적 성장 문화'란 무엇인가를 사원들에게 구체적으로 제시하고, 경영 지도자를 중심으로 사원들의 창의성과 아이디어 개발을 고취하기 위한 '상상력 돌파Imagination Breakthrough 프로그램'을 추진했다.

경영진은 '상상력 돌파 프로그램'에 따라 매년 세 차례 정도 새로운 아이디어를 제안해야 하는데, 제안된 아이디어는 엄격한 심의를 통해 채택 여부가 결정된다. '상상력 돌파 프로젝트'를 통해 제안된 100여 개의 프로젝트 중 매월 10개 내외를 선정해 프로젝트 매니저와 문제를 심층 검토하고 해결을 위한 관심과 지원을 아끼지 않는다. 이는 최고 경영자를 비롯한 경영진들이 기업 문화를 적극적으로 관리함으로써 기업의 경쟁력을 높이고 있는 실례라 할 수 있다.

다만 이런 시도는 습관이 되고 문화가 되기까지는 일정한 시간이 필요하기 때문에 매우 어렵다.

기업 문화는 원칙과 신뢰 속에서만 구축 가능

사우스웨스트항공 허버트 켈러 전임 최고 경영자의 한마디가 마음에 와 닿는다.

> '우리 회사의 항공기는 모방할 수 있습니다. 또한, 우리의 발권 카운터나 다른 하드웨어도 카피할 수 있습니다. 그러나 사우스웨스트 항공 직원들의 태도만은 카피할 수 없을 것입니다.'

사우스웨스트항공은 고용보장을 통해 임직원들의 회사에 대한 헌신적인 노력과 서비스 정신을 유도했고, 9·11 사건으로 항공업계가 전례 없는 침체에 빠졌을 때도 단 한 명의 직원도 해고하지 않고 경영 위기를 극복했다. 직원 해고를 피하고자 창립 이래 지속해오던 무차입 경영정책을 포기하고 10억 달러를 차입하기도 했다.

아모레퍼시픽의 경우 화장품이 아닌 문화를 파는 기업의 이미지를 각인시키고자 큰 노력을 기울였다. '건강'과 '미'를 추구하는 사업의 일관성을 통해 '문화기업'의 이미지를 구축했고, 이를 통해 국내 1등 화장품 기업으로 성장할 수 있었다. 또한 획일적인 문화 개조보다는 지역에 따른 차이점을 인정하고 개성 있는 하위문화의 형성을 적극적으로 후원했으며, 문화의 세계화를 지향하면서도 국내 본사 문화의 전통을 유지하는 등 다양성과 조화를 추구했다.

이처럼 기업 문화는 원칙과 신뢰 속에서 이뤄지는 것이다. 무슨 일이 있어도 결코 지키고 마는 원칙과 약속한 바는 꼭 실행하는 신뢰 속에서 기업의 이미지는 향상되고, 기업 문화 또한 더욱 탄탄하게 자리잡을 수 있는 것이다.

바람직한 기업 문화 창조의 성공 요소

바람직한 기업 문화를 창조하기 위해서는 몇 가지 핵심 요소가 필요하다. 그중 첫째는 기업 문화를 브랜드화하는 것이다. 브랜드화된 기업 문화는 내부 구성원의 결속을 다지는 계기로 작용할 뿐 아니라 이해관계자와 지역사회에서 공론화되어 직원들의 자긍심도 높인다.

두 번째는 경영전략과 기업 문화의 조화를 중요시 여기는 것이다. 기업 문화는 경영전략의 추진을 뒷받침해줄 수 있는 의식으로써 변화돼야 한다. 경영전략과 기업 문화가 절묘하게 조화를 이루면 전략 추진 속도를 배가할 수 있으며, 나아가 전략 후원형 기업 문화가 구축됨으로써 직원들 사이에서 자발적으로 전략에 대한 공감대가 확산된다.

세 번째는 최고 경영자의 강력한 의지가 필요하다. 기업 문화를 변화시키려면 최소한 5~10년 정도의 시간이 필요하다. 제너럴일렉트릭의 전임 최고 경영자인 잭 웰치는 자사의 기업 문화를 바꾸려면 최소 10년 이상의 시간이 필요하다고 언급한 바 있다. 기업의 발전을 위해서 최고 경영자는 기업 문화를 지속적으로 챙겨야 하며, 기업 문화를 변화하고 추진하며 최고 경영자의 강력한 지원을 받는 전담조직도 구축해야 한다. 이외에도 임직원 배려를 통한 신뢰 회복, 긍정적 성과를 초기에 가시화하는 것도 잊어선 안 되는 요소다.

마지막으로 기업 문화 구축에 있어 주의해야 할 점 하나가 있다. 조급한 마음에 기업 문화를 급진적으로 변화시키는 일은 피해야 한다. 기업 문화의 갑작스러운 변화는 기업 내부의 반발만 초래할 뿐 근본적인 변화가 불가능하기 때문이다. 추진 과정에서 모든 임직원이 참여하는 토론과 합의의 장을 마련하고 단기적으로는 불만이 표출되더라도 이를 경청하고, 왜 그런 불만이 나오는가를 파악해서 해결해야 한다.

그리고 이 모든 과정에서 성공적인 기업 문화의 구축은 부단한 인내심을 통해서 형성되는 것이다. 뚝심이 필요하다. 이렇게 쌓아올린 기업 문화는 유전인자가 되어 장구한 세월 동안 강물처럼 흘러갈 것이다. 가장 강력하고 변함없는 경쟁력은 제품에 앞선 기업 문화며 훌륭한 유전인자가 될 것이다. 이는 누구에게 빼앗기거나 분실할 수도 없는 가장 안전하고도 고유한 보물이다.

이순신의 세계화가
대한민국의 수준이다

이순신은 1598년 '노량해전'에서 전사했다. 이로부터 160년 후 영국에서 한 아이가 태어났다. 넬슨이다. 그야말로 동서양을 대표하는 세계 해전사에 빛나는 해군 제독이다. 사가들은 흔히 나폴레옹을 몰락시킨 넬슨의 트라팔가르 해전을 도요토미 히데요시의 대륙 침략을 분쇄한 이순신 제독의 한산대첩에 비유한다. 여기까지는 동의할 수 있다.

그러나 전 세계적으로 넬슨은 이순신과 비교할 수 없을 정도로 유명하다. 동의할 수 없는 것은 바로 이점이다. BTS가 세계적인 브랜드가 됐듯이, 이순신이 세계적인 브랜드가 되는 그날을 고대한다. 이것이 바로 비정상의 정상화이자 범세계적인 공정과 상식이다.

스물세 번 싸워 스물세 번 이기다

이순신은 스물세 번 싸워서 스물세 번 이겼다. 확률로는 약 1,000만분의 1 정도에 해당한다. 이는 전략의 승리이며 먼저 싸우고 나중에 이긴 것이 아니라 먼저 이기고 나중에 싸운 것이 확실하다. 그러나… 이는 결과론적 사실에 불과하다. 다음은 김훈의 『칼의 노래』 일부분으로 당시 상황을 이해하는 데 도움이 될 것이다.

> '적에게 맞은 화살로 옆구리가 쑤시고 임금에게 고문받아 어깨가 저렸다. 승리는 약속되지 않았고 닥쳐올 싸움은 지나간 모든 싸움과 전혀 다른 낯선 싸움이었다. 싸움은 싸울수록 경험되지 않았고 지나간 모든 싸움은 닥쳐올 모든 싸움에서 무효했다.'

상황은 심각했다. 아군의 전력은 원균의 칠천량해전 패배로 궤멸 상태다. 몸은 상처투성이였으며 승리한 기억은 아련했고 다가올 싸움은 아무것도 보장되지 않았다.

> '배고픔은 여전했다. 지나간 모든 끼니는 닥쳐올 한 끼니 앞에 무효했다. 먹은 끼니나 먹지 못한 끼니나 지나간 끼니는 닥쳐올 끼니를 해결할 수 없었다.'

게다가 먹을 것도 고갈되었다. 인육을 먹었다는 소문까지 돌아 민심은 흉흉하고 군심 또한 요동쳤다. 그야말로 사면초가다. 어쩌란 말인가?

'임금은 나를 죽여서 사직을 보존하고 싶었을 것이고 나를 살려서 사
직을 보존하고 싶었을 것이다. 나를 죽이면 사직을 보존할 수 없으므
로 임금은 나를 풀어준 것이다. 그러므로 나를 살려준 것은 결국 적이
었다. 살아서 나는 다시 나를 살려준 적 앞으로 나아갔다.'

이렇게 처연하고 비탄한 일이 어디 있는가? 마치 유행가 가사처럼 어
쩌면 이리도 처연하리, 어쩌면 이리도 비탄하리…. 이순신의 마음은 여
러 갈래로 찢겼을 것이다. 당시 조선의 임금과 위정자들은 어찌 이리도
무능하고 무지하며 몰염치했던가? 참으로 한탄스럽기 그지없다.

이순신의 흔적이 영원하길

이순신은 시대를 관통하는 영웅이다. 나라에 충성하고 백성을 사랑했지
만 결코 사적인 이익을 위해 사람에게 충성하지 않았다. 그는 제반 자원
과 상황의 척박함에도 불구하고 기적 같은 승리를 일궈냈다. 승리보다
더 큰 승리, 단순한 승리가 아니라 더할 나위 없이 숭고한 승리다. 지금의
시각으로 보면 이순신은 과학적, 합리적, 진취적이며 생각이 곧고 민주적
사고를 지닌 21세기형 인물이다.

아마 이 시대 검찰총장직을 맡았다면 살아 있는 권력에 가차 없었을

것이며 오직 국태민안國泰民安을 위해 공평무사公平無私했을 것이다. 이는 직을 두고 하는 말이 아니라 성품을 두고 하는 말이다.

비정상의 정상화, 범세계적인 공정과 상식은 대한민국의 수준만큼 당겨질 것이다. 그리고 또한 문화가 살고 문학이 살고 예술이 살아야 한다. 돈만 많다고 세계 일류가 되는 것은 아니다. 보잘것없는 로렐라이 언덕이 세계적인 언덕으로 둔갑한 것은 동요 한 곡의 힘이다. 파리의 개선문을 더 높게 만든 것은 레마르크의 『개선문』 덕분이다.

이제 여수를 중심으로 사천, 하동, 광양, 왜교성, 창선도, 남해도 등 남해 일대가 세계적인 명소가 될 차례다. 해마다 수백만 명의 관광객이 이순신의 흔적을 따라 남해에 가득차는 날을 상상해본다.

MOMENT

3

나를 위해 선택하다

우리 눈높이가 같아진 건 인간 능력의 진보 때문

진보와 보수의 대결이 만만찮았다. 특히 2022년의 대통령 선거는 대단했다. 누가 환호를 지를 것인가는 투표일 다음 날 새벽 3시에 정해졌다. 진보주의와 보수주의, 담대한 진보, 진짜 진보, 원조 진보, 근래 우리가 자주 접하는 말이다. 마치 포천 이동갈비 간판 경쟁하듯 진보와 보수가 범람했다. 여기에선 말의 성찬에서 벗어나 우리 삶과 밀접하고 조금은 와 닿는 진보 이야기를 해보고자 한다. 이처럼 자주 언급되는 진보란 무엇인가? 특히 강력한 실천이 담보되는 진보란 과연 무엇인가?

이야기의 실마리는 이남곡의 『진보를 연찬하다』에서 정의된 진보로부터 출발해보자. '진보란 인간의 자유와 행복을 억누르는 것으로부터 해방시키는 것'으로 정의되고 있다. 여기서 말하는 억누르는 것은 다음의 3가지가 이에 해당한다.

① 물질적 결핍으로부터 억압

② 불합리한 제도가 주는 억압

③ 낡은 의식이 주는 억압

　이러한 3가지 억압으로부터 해방되는 것이 진보라면 '인간 능력의 지속적 발전'이 진보다. 즉, 물질적 결핍이 해소되는 방향으로 인간 능력이 지속적으로 발전돼야 하며, 불합리한 제도를 개선하는 인간 능력이 지속적으로 발전돼야 하고, 낡은 의식이 개선될 수 있도록 인간 능력이 지속적으로 발전돼야 한다.

　과연 우리는 이렇게 발전하고 있는가? 많은 사람이 당연히 그렇다고 생각할 것이다. 그러나 부지불식간 우리는 이와 반대 방향으로 생각하고 있음을 발견할 때 자신에 대해 놀라게 된다.

영감이 되어간다는 것은?

"가난은 나라도 구제하지 못한다"라는 말에 고개가 끄덕여질 때, "여자는 살림만 해야 한다"는 말에 은근히 끌릴 때, 현대판 음서제도를 떡장사를 하는 사람이 떡 하나 더 먹는 정도로 치부해버릴 때, 우리는 자신도 모르는 사이에 영감이 되어 있는 것이다.

　부모를 잘못 만난 나의 가난은 대물림된 것이고 나로서는 어쩔 수 없는 구조적 문제라고 인정할 때, 이슬람 여성들이 히잡을 쓰고 다니는 것이 매우 당연하게 여겨질 때 우리는 이미 진보의 편에 서 있지 않다.

보릿고개는 유행가 가사 속에서만 살아 있고 남는 쌀은 주체할 수가 없어 동물사료로 검토되고 있다. 인간 능력의 향상으로 인하여 물질적 결핍으로부터의 억압이 개선되었다고 볼 수 있다.

노비제도는 사라졌으며 반상의 서열도 사라졌다. 여자도 균등한 상속을 받을 수 있으며 자녀가 어머니의 성을 따를 수도 있다. 계급제도, 노예제도, 성차별제도 등 불합리한 제도가 주는 억압으로부터 해방됐다. 이는 불합리한 제도가 주는 억압을 인간 능력의 발전으로 인하여 해소한 것이다.

또한 여성의 직장 내의 위상, 가부장주의, 남성 중심사회, 여성의 사관학교 입학, 전업남편, 여성 대통령 등 우리가 가진 낡은 의식 또한 개선되고 있음이 분명하다. 즉, 인간 능력의 향상이 이러한 낡은 의식이 주는 억압으로부터 우리를 해방시키고 있는 것이다.

상대적 결핍이 진보에게 묻다

큰 틀에서 보면 이러한 3가지 억압은 점차 해소되는 방향으로 가고 있다. 다만 시간의 차이가 생기고 속도가 달라질 뿐이다. 여기서 또 발생하고 있는 신종 억압이 '상대적 결핍'이다. 나는 없는데 너는 있는 소위 '상대적 결핍'이라는 또 다른 가난을 스스로 만들어내고 있는 것이다.

상대적 결핍, 다른 말로 상대적 빈곤은 의식주를 포함하여 특히 문화적인 생활 면에서 다른 대상과 비교하여 주관적으로 느끼는 '심리적 빈곤'을 말한다. 흔히 의식주 등 인간의 기본적인 욕구를 해결하지 못하는 상태를 '절대적 빈곤'이라고 한다. 절대적 빈곤은 경제성장을 통하여 사회 전반의 생활수준이 높아짐으로써 지속적으로 해결할 수 있다.

그런데 상대적 빈곤은 동일 사회 내의 다른 사람과 비교하여 적게 가지는 경우이므로, 특정 사회의 전반적인 생활수준과 관련된 개념으로 상대적 박탈과 불평등의 개념과 밀접한 관련을 지니고 있다. 결국 상대적 빈곤은 특정 사회의 구성원들 중에서 다수가 누리는 생활수준에 미치지 못하는 수준을 의미하며, 사회적 관습과 생활수준에 의하여 크게 달라질 수 있다.

따라서 우리나라처럼 소득 분배의 형평성이 확보되지 않는 경우에는 절대 소득이 증가한다고 할지라도 상대적 빈곤 문제는 더욱 악화될 수 있다.

이즈음 우리는 이계삼의 『고르게 가난한 사회』 칼럼집에 주목해볼 필요가 있다. 이계삼은 밀양 송전탑반대대책위원회 사무국장으로 활동 중이다. 11년간 중학교 국어교사를 지낸 그는 2012년 2월 교직을 그만두고 농업학교를 준비하던 중 밀양송전탑 반대 주민의 분신 사망을 계기로 반대운동에 뛰어들었다. 이 칼럼집은 그가 각종 매체에 6년여간 발표한 글들을 엮은 것이다. 글들에는 저자가 희망을 잃은 학생들 앞에서 괴로워한 교사이자 현장에서 활동한 풀뿌리 운동가로서 이 사회에 던지는 실천적인 주장이 담겼다.

이 책을 읽는 이들에게 묻고 싶다. 지금 이 시대는, 그리고 다가올 시대의 현실은 '풍요'인가, '가난'인가. 또 하나, 고르게 풍요로운 사회가 가능할 것인가, 고르게 가난한 사회가 가능할 것인가. 이 책에 실린 글들은 '고르게 가난한 사회'를 향한 과정에서 만난 싸움의 편린들이다.

작가는 집요하게 묻고 있다. 도시로 보내는 전기를 위해 발전소가 세워지고 그 사이를 잇는 고압의 송전탑이 세워졌다. 장거리 송전의 효율을 위해 초고압으로 전기를 보낸다. 형광등이 켜질 정도의 고압인 송전탑의 전자파는 대단하다. 송전탑으로 마을은 찬성과 반대로 갈라졌다. 갈등이 깊어지며 죽는 이도 있었다. 그래도 되는가?

도시의 풍요를 위해 송전탑 밑의 결핍은 도대체 어떻게 해결해야 하는가? 앞서 우리는 '인간 능력의 지속적 발전'이 진보라고 했다. 즉, 물질적 결핍이 해소되는 방향으로 인간 능력은 지속적으로 발전돼야 하며, 불합리한 제도를 개선하는 방향으로 인간 능력은 지속적으로 발전돼야 하고, 낡은 의식이 개선될 수 있도록 인간 능력은 지속적으로 발전돼야 한다고도 했다.

의도치 않은 사각지대는 없는지 살펴야

그러나 도시의 불특정 다수의 풍요와 송전탑 밑의 특정인의 결핍은 이 언저리 어디에도 없는 진보의 사각지대이며 또한 진보의 부조리인 것이다.

다수의 인간 능력 향상을 위해 소수의 결핍을 강요하고 있으며 사회적 갈등은 타협점을 찾지 못하고 있다.

지금까지의 진보는 매우 성공적이었다. 인간 능력의 향상으로 인해 세상은 훨씬 풍요롭고 살 만한 세상이 되었다. 지금부터는 좀더 질적으로 소외됨이 없는 깔끔한 진보, 의도치 않은 사각지대는 없는지 세심히 살피는 섬세한 진보를 이뤄야 한다. 인간 능력의 향상은 소수의 결핍을 딛고서 이뤄지면 안 되며 송전탑 밑의 결핍이 아무리 소수라 해도 더는 무시해선 안 된다. 인간 능력의 향상으로 날로 좋아지는 세상에 박수를 보내며 한편으론, 더는 '고르게 가난한 사회'와 같은 우울한 언어가 등장하지 않기를 바란다.

경쟁의 원천은
인간 능력의 향상 속도

왜 사회적, 국가적 발전은 전 세계가 같지 않을까? 미국은 처음부터 세계 1위였을까? 북한은 처음부터 굶주림의 나라였나? 중국은 언제부터 약진하기 시작했을까? 대한민국은 언제부터 세계 10위권의 경제대국이 되었는가?

답은 명확하다. 국가가 가지고 있는 인간 능력을 발전시키는 속도 때문이다.

① 물질적 결핍을 해소하는 능력

② 불합리한 제도를 개선하는 능력

③ 낡은 의식에서 벗어나는 능력

이러한 3가지 능력을 가장 올바른 방향으로 발전시킨 사람들이 오늘의 미국을 만들었다. 미국은 1776년 영국으로부터 독립하고 남북전쟁을 겪었다. 250년이 채 안 된 일이다. 누가 오늘의 미국을 상상했겠는가?

인간의 능력을 향상시키는 속도에 따라 우리의 미래가 달라진다. 미래의 대한민국은 그 속도에 맞춰 달려가고 있는 걸까? 속도를 결정짓는 좋은 방법론으로 '6시그마'적인 접근이 필요하다. 이 프로그램은 미국의 위기로부터 출발했다. 6시그마는 과학적이고 체계적인 문제해결 방법론으로 제너럴일렉트릭, 모토로라, 얼라이드시그널 등 세계 초일류 기업과 삼성, LG, 현대차, 포스코 등 국내 굴지의 기업들이 채택한 이 시대 가장 강력하고 효과적인 경영혁신 방법론이다.

속도를 결정짓는 체계적 접근 방법

첫째, 문제를 정확히 진단하는 능력이다define.

문제를 직시하지 못한 처방은 상처를 더욱 악화시킬 뿐이다. 우리 사회 전반에 걸쳐 있는 과제를 위에서 제시한 3가지 방향으로 또는 다른 시각으로 분해하고 과제화하는 것이 첫 번째다. 여기에서 문제를 왜곡시킬 여지가 있는 이런저런 노이즈를 배제하는 그것이야말로 속도를 결정짓는 결정적 요인이라고 할 수 있다.

둘째, 현재 상황을 있는 그대로 드러내야 한다Measure.

상처의 깊이를 정확히 알아야 올바른 처방이 나온다. 여기서 주의해야 할 점은 은폐와 엄폐다. 큰 목적을 위해 자신이 아끼는 사람을 버린다는 뜻의 읍참마속泣斬馬謖의 심정으로 실상을 드러나게 만드는 것이 속도의 결정적 변수다.

셋째, 근본과 씨름해야 한다Analyze.

임기응변식, 웃돌 빼서 아랫돌 공구는 식의 탐구를 해서는 안 된다. 당장 성과가 없다고 하더라도 인기에 영합하지 말고 근본적 원인 탐구에 모든 힘을 기울여야 한다. 국가를 위해 일하는 사람들이 임기를 생각하는 순간 속도는 없다.

넷째, 검증된 결과를 시행해야 한다Improve.

검증된 방안이 있고 불확실한 방안이 있다. 이를 결정하는 것이 과학적, 체계적 접근방식이다. 물론 그 바탕에 깔린 것은 전방위에 사용할 지식과 정보다. 이러한 접근방식과 충분한 지식이 성공을 보장하는 방안을 잉태하고 탄생시킨다. 국가의 힘은 바로 이러한 검증된 정책을 개발하는 것이다. 임시방편이나 임상시험을 국민 상대로 하게 된다면 속도를 기대하기 어렵다.

다섯째, 지속적으로 관찰해야 한다Control.

지속적인 관찰이 성공적 정착을 이루는 핵심 요소다. 개선보다 어렵고 위대한 것은 지키는 것이다. 개선된 결과를 유지하기 위해선 지속적으로 더 큰 관심과 노력이 필요하다. 이것이 간과되는 순간, 그동안 쌓아온 성과는 물거품이 된다. 성과는 늘 9부 능선에 매달린 공과 같은 것이다. 9부 능선을 완전히 넘어 평탄한 자리에 다다르기까지 결코 멈춰선 안 된다.

가속페달을 밟아야 하는 이유

이것이 바로 DMAIC, 6시그마적인 생각이다. 적용해보면 여러 분야에 대단한 효과를 보일 것이다. 진보라고 불려도 상관없고, 인간 능력의 지속적 발전이라고 불려도 상관없다. 우선 앎이 중요하고 실천이 담보되는 유용한 방법을 짜내는 일이 더욱 중요하다.

현재에 머물지 않고 더욱 박차를 가해 대한민국이 세계 초일류 국가가 되는 것에 동의한다면, 또한 국민이 세계에서 가장 행복하고 풍요로워야 한다는 데에 동의한다면 그리고 힘없이 강대국에 굴복하거나 이 땅에 다시는 전쟁이 일어나지 않도록 힘으로 억지력을 높여가야 한다는 데 동의한다면 우리는 무조건 가속페달을 밟아야 한다.

대한민국이 초일류국가로 발돋움하는 데에는 다음의 2가지 방법이 있다. 하나는 인간 능력을 향상하기 위하여 속도를 높이는 일이고, 다른 하나는 땅속에 무한정의 석유를 쟁여놓는 일이다. 만약 조상으로부터 무한정 퍼 올릴 수 있는 석유가 묻힌 땅을 상속받지 못했다면… 선택은 자명하다.

사람들이 뭐라고 하던 간에
내버려둬라

문재인은 민감하고 김정은은 둔감한 것, 바이든은 민감하고 푸틴은 둔감한 것, 여론이다. 이 여론이라는 것을 믿어야 할지 말아야 할지… 숱한 논란에 휩싸이기도 한다. 요즘은 이 여론이라는 것을 통계적으로 수치화하여 매일매일 홍수처럼 쏟아낸다. 결론적으로 말하면 여론 1건, 1건은 오류가 있을 수 있다. 그러나 그런 오류도 장기적으로 보면 평균에 수렴되어 진실에 가까워진다.

'과학적 비판에 근거한 것이라면 어떤 의견도 나는 환영한다. 그러나 내가 한 번도 양보한 적이 없는 이른바 여론이라는 것이 갖는 편견에 대해서는 저 위대한 피렌체인의 좌우명이 내 대답을 대신해줄 수 있을 것이다.'

마르크스의 『자본론』의 한 구절이다. 19세기의 노동계급 성장에 관하여 각국의 지배계급이 이미 그 뚜렷한 계급 갈등의 징후를 파악하고 대응하고 있음을 묘사하면서 『자본론』 서문에서 언급한 말이다. '이것은 바로 시대의 징후이며 자포나 흑의로 가릴 수는 없는 것이다'라고 첨언했다.

여기서 '자포紫袍'는 절대왕정기를 호령한 군주들의 의복이며, '흑의黑衣'는 중세 이후 유럽의 일상사에 관여하고 지배했던 가톨릭 사제들의 옷이다. 그러나저러나 그의 책을 읽노라면 꼬여 있는 말들을 해석하기가 간단치는 않다. 쉬운 말을 몹시 어렵게 해서 사람을 혼돈에 빠뜨리는 것은 철학가들의 전형적 수법이다. 마르크스는 대학에서 법학을 공부했으나 후에 베를린대학에서 문학과 철학에 심취하면서 그쪽 사람들에게 물이 들었을 것이다.

마르크스가 말한 '저 위대한 피렌체인'은 단테다. 그의 『신곡』 중 「연옥」 편 제5절의 문장을 조금 바꾼 표현이다. 단테의 좌우명은 '너의 길을 걸어라. 그리고 사람들이 뭐라고 하던 그대로 내버려두어라!'를 일컫은 말이다.

지금까지의 내용으로 추론하건대 마르크스가 자신에 대해 이러쿵저러쿵 말하는 사람들에게 전하고 싶은 메시지는 "나는 나의 길을 가리니 토 달지 말라"다. 진성이 "내 인생에 태클을 걸지 마"라고 말하는 것과 같다. 이 말을 이렇게 어렵게 한 것이다.

여기서 다시 원래의 주제로 돌아가면 '여론'이다. 마르크스도 단테도 가장 믿지 못했던 것, 사실은 부정하고 무시하고 싶었던 것은 '여론'이다.

만약 마르크스와 단테가 여론을 받아들였다면 그 자리에 우뚝 설수 있었을까? 이런 의문은 반쯤 의심이 되어 되돌아오기도 한다. 어쩌면 트럼프도, 바이든도 얼마나 자주 이렇게 말하고 싶었을까? 적어도 속마음은….

그러나 그렇게 말하면 하루도 안 되어 망한다는 것을 알기에. 소위 '언론'도 이 사실을 잘 알 것이다. 스스로 말하면서도 언뜻언뜻 이상할 때가 있다는 것…. 그러나 관성은 그리 쉽게 멈춰지는 것이 아니다.

그래서 세상은 저마다 자기가 믿고 싶은 방향, 바라는 방향으로 간다. 그래서 어떤 이는 광화문으로, 어떤 이는 서초동으로 가는 것이 아닐까.

구석구석에서 방향도 없이 흩날리는 소위 '여론'이라는 것은 무한정 반복하면 모든 값이 평균에 수렴하듯 올바른 방향을 찾아간다고 믿는다. 이것이 과학적 상식이다. 그러니 저 유명한 피렌체 사람도 '여론'에 귀를 기울이고 마르크스도 더는 피렌체 사람 핑계 대기를 멈춰야 한다. '핑계'로 성공한 사람은 딱 한 사람밖에 없으니… 김건모.

거짓말, 새빨간 거짓말
그리고 이것

●
●

세상에는 3가지 거짓말이 있다. 거짓말, 새빨간 거짓말, 그리고 통계. 마크 트웨인의 말이다. 거짓말은 거짓으로 지어낸 말이니깐 이해가 가는데 통계는 왜 그럴까? 아마 통계의 오용과 남용을 크게 경계하고자 나온 말일 것이다.

거짓말 중에 가장 빈번한 말이 아마도 "사랑합니다. 고객님!"일 것이다. 이 말을 믿는 사람은 한 명도 없을 테니 세계적으로 공식화된 거짓말이 아닐까 싶다. 군이 구분하자면 악의 없는 말이니 새하얀 거짓말쯤 될 것이다. 요즘은 이런 멘트를 부담스러워하는 고객도 있기 때문에 조금 더 자연스럽고 상큼한 터치를 개발하고자 기업마다 머리를 맞대고 있다 하니 좀더 두고 볼 일이다.

하지만 우리는 이런 멘트가 왜 생겼는지를 생각해봐야 한다. 기업을 유지하는 가장 기본적인 조건은 고객 관리에 있다. 자사의 상품을 구매

하는 고객을 무시하고 성공한 기업이 있다면 그야말로 기적 같은 일이다.

고객 서비스의 상징으로 일컬어지는 미국 고급백화점인 노드스트롬의 직원 규정에는 단 한 가지 원칙만 있다.

'어떠한 상황에서도 자신의 현명한 판단에 따라주십시오.'

이 간단한 규정 하나만 보더라도 이 백화점이 지향하는 추구점을 이해할 수 있다. 고객과 만나야 하는 직원들에 대한 무한한 신뢰와 고객이 진정 무엇을 바라고 있는지를 아는 경영자의 식견이 돋보이는 대목이다. 핵심은 규정이 아니라 당연, 행동이다.

노드스트롬의 일화 중 널리 회자되고 있는 것은 타이어를 들고 와서 반품을 요구하는 사람의 이야기다. 노드스트롬은 신발 수선가게를 운영하던 존 노드스트롬이 설립한 백화점으로 신발이나 의류, 액세서리, 가방 등을 판매하는 패션전문점이다. 그래서 타이어를 판매한 적이 없었다. 그러나 노드스트롬 직원은 고객에게 타이어 가격을 묻고는 흔쾌히 환불해주었다.

1975년 노드스트롬은 타이어를 판매하던 노던커머셜 사로부터 알래스카에 있는 3개의 상점을 인수했는데 이전에 노던커머셜 사에서 타이어를 구입한 사람이 인수 사실을 오해하고 반품을 요구했을 것이라고 추측된다.

이 일화에는 고객의 중요성과 고객 관리 방법론에 대한 모든 것이 함축되어 있다. 노드스트롬 직원의 행동에는 고객 존중이 기저 사상으로 깔려 있지 않으면 나올 수 없는 행동이다. 평소부터 오랜 훈련을 통해 고객에 대한 존중이 있었고, 그것이 몸에 배어 체질화된 결과일 것이다.

새로운 관계를 맺는 것보다 기존 관계를 유지하는 것이 훨씬 이득

21세기의 최고 경쟁력은 고객과의 관계 구축에 달려 있다고 해도 과언이 아니다. 고객은 기업 자본의 일부분이다. 한 회사의 서비스에 만족한 고객은 그 경험을 미경험자 5명에게 이야기하고, 이 이야기를 들은 미경험자는 그렇지 않은 사람보다 6배 정도의 이익을 기업에게 되돌려준다고 한다.

새로운 고객을 확보하는 비용은 기존 고객을 유지하는 데 드는 비용의 3~5배가 소요되며 새로운 고객보다는 기존 고객에게 12배 정도 더 많은 제품을 판매할 수 있다.

기업에게 있어 고객은 중요한 무형의 자산이다. 그래서 등장한 것 중 대표 전략이 고객 관계 마케팅Customer Relationship Marketing, CRM이다. 이 전략의 목표는 '충성 고객'을 확보하는 데 있다. 고객의 관계를 파악하고 관계 유지와 강화 단계를 통해 고객과의 끈을 놓지 않고 우량 고객으로 만들기 위한 일환인 것이다.

이 전략을 잘 활용한 기업이 애플이다. 한때 '애플빠'라는 말이 생길 정도로 애플의 컴퓨터나 스마트폰을 사용한 사람들은 애플만을 고집한다. 지금은 다소 수그러들었지만 그들의 자부심은 의외로 대단했다. 애플은 고객의 아웃라인을 그리는 데 성공한 기업이다.

어떻게 관계의 끈을 이어가야 할까?

작은 차이가 모여서 큰 차이를 만든다. 여기에서는 거창하고 시스템적인 이야기보다는 작지만, 실천이 담보되는 소박한 이야기를 하고자 한다. 한마디로 말하면 '터치 포인트 관리'다.

당신들이 고객과 만나는 위치에 서 있다면 당신들은 고객과 무수히 많은 터치를 하게 된다. 눈을 마주치고 안내하고 설명하고 돈을 받고 영수증을 주는 일 등이 모두 고객과의 터치라고 할 수 있다. 터치 포인트는 기업에 대한 인식이 형성되는 장이며, 고객 만족 경영의 성과가 가시화되는 곳이다. 궁극적으로는 기업의 재무 성과에 결정적으로 영향을 미친다.

그러나 터치 포인트의 대부분은 무의식중에 일어나게 된다. 여기서 승패가 갈리곤 하는데 우리는 사실 잘 알아채지 못할 때가 많다. 하지만 어제 한 실수를 오늘 또 할 수는 없는 일이다. 바야흐로 방법을 찾아보아야 할 때다. 탁월한 성과보다 먼저인 것은 탁월한 프로세스다. 그렇다면 고객 터치 포인트의 프로세스에서 답을 찾아야 할 것이다.

첫째, 고객 관점에서 터치 포인트를 파악하는 것이 먼저다. 첫인상이 관계성을 맺는 데 큰 역할을 한다는 것은 진부할 정도로 흔한 이야깃거리지만 이것만큼 중요한 것도 없다. 고객은 당신들을 처음 대하는 순간 표정이나 태도를 보고 인상을 결정한다. 당신의 미소가 아름답고 고객을 존중하는 태도를 가졌다면 고객은 당신들의 이미지를 좋게 남기겠지만 이런저런 이유로 그렇지 못했다면 불쾌함을 느낄 수도 있다. 그렇게 되면 공들여 준비한 필살기는 발휘할 기회조차 얻지 못하고 고객은 돌아설 것이며 불쾌했던 경험은 널리널리 퍼져 나갈 것이다.

오프라 윈프리가 스위스의 명품 매장에서 인종차별을 당한 사건은 이를 여실히 보여주고 있다. 오프라 윈프리는 취리히의 고급 가방 매장에 들러 고급 핸드백을 보여달라고 했는데 그 매장의 직원이 비싸다는 이유로 그녀의 요구를 거절했다.

이후 오프라 윈프리는 한 방송 프로그램에서 그 경험을 공개했고, 스위스와 그 매장을 비난했다. 이 방송이 나간 후 스위스 관광청과 매장 대표는 사과했다.

특히 스위스 관광청의 대변인은 "우리를 찾는 손님은 모두 정중하게 대우를 받아야 하는데 그렇지 못해 매우 미안하다"고 사과했다. 참고로 오프라 윈프리는 세계 최고의 여성 부호 중 한 명이다.

둘째, 각각의 터치 포인트의 현재 수준을 점검해야 한다. 고객의 기대와 실제 제공되는 수준의 차이를 파악하고 차이의 원인을 찾아내는 것이 초점이다. 이 단계에서는 업계 최고 수준을 벤치마킹하는 것이 가장 효과적이다.

셋째, 터치 포인트를 재편성하고, 그것에 대한 실행안을 선정해야 한다. 터치 포인트별로 실행 후 개선 방안을 몇 가지로 압축하고 파일럿 테스트를 통해 개선점을 반영하고, 최적의 실행안을 선정하여 표준화하는 것이다.

넷째, 고객을 대면하고 있는 직원에게 권한을 일임해야 한다. 가끔 고객의 요구를 받은 한 직원이 상사에게 여쭤본다고 가더니 감감무소식인 경우가 있다. 고객의 요구를 상사에게 보고하고 의사 결정이 나올 때까지 고객을 기다리게 하는 것은 진정한 고객 서비스가 아니다. 고객을 접하고 있는 그 순간에 문제를 해결할 수 있어야 한다.

이렇게 되기까지는 기업의 강한 혁신의 의지가 있어야 하며, 훈련을 통해 오랫동안 몸에 배어야 한다. 좋은 말을 들었으나 실천하지 못하면 그것은 들으나 마나한 것이다. 혹시라도 당신들이 기업의 세부 파트에서 의사 결정을 하는 사람들이라면 과감한 결단이 필요하다.

자신에게 터치 포인트를 적용해본다면?

모두 자신의 자리에서 적용해보자. 가족이나 지인 또는 친구를 포함해서 당신에게 다가오는 모두가 고객이다. 당신은 오너일 수도, 서비스 직원일 수도 있다. 고객 터치 포인트 단계를 적용해 그들을 만족케 한다면 당신의 평가는 높아지고 기회는 많아지며 활동 범위는 넓어지게 될 것이다.

지금까지 그러지 못했다면 지금부터라도 이 작은 차이를 느끼면서 신뢰를 높여갈 차례다. 모르긴 해도 6개월쯤 지나면 그 차이를 느끼게 될 것이다. 사실 고객은 무심한 듯 보이지만 매우 민감하다. 그때 가서 이 글이 마치 칼에 베인 듯 생생하게 와 닿았으면 하는 바람이다.

　가장 최악은 고객과 싸워 이기고 그 무용담을 자랑하는 일이다. 당신의 매장 또는 누구의 매장이라도 이런 일이 벌어진다면… 머잖아 매장 앞에 폐점을 알리는 게시문이 걸리지 않길 바랄 뿐이다.

청춘의 숙제를 국가가
뒤집어쓰지 마라

청춘을 살리고 용기를 북돋우며 평등하고 공정하며 정의로운 운동장과 비빌 언덕을 마련해주되 청춘의 숙제를 국가가 뒤집어쓰지 않았으면 한다.

2022년의 대통령 선거는 뜨거웠다. 표 차이만 보더라도 얼마나 각축전을 벌였는지 알 수 있다. 2030세대가 캐스팅보트라고 하며 그들이 대통령을 결정하는 열쇠를 쥐고 있다고 각 캠프는 물론, 언론도 이를 기정사실로 보도했다. 여야 따로 없이 온통 반성문 쓰기에 혈안이었고, 취업, 결혼, 출산, 육아, 내 집 마련, 노후 모두가 국가의 잘못이라고 했다.

본질적으로 우리는 태생적 불평등을 안고 있으며 모두가 그것을 인정하고 한 걸음 한 걸음 걸어서 극복해왔다. 이것 자체가 우리가 속한 공동체의 삶이며 살면서 겪어온 모든 것이다.

그러나 작금에 여야 모두 국가의 잘못이라고 하니 청춘의 처지에서 보면 오히려 어리둥절 어안이 벙벙할 일이나 핑계 없어 궁한 차에 정말 그런가… 살포시 얹혀가고도 싶은 심정일 것이다.

청년 장관이 곧 나올 태세다. 30대 제1야당 대표도 나온 마당에 이상한 일도 아니다. 청년 장관이 나오면 배고픈 숱한 청년들은 정말 위안이 될까? 난센스로 보인다.

대통령 공약으로 할 일이 아니다. 필요한 그때 마땅한 청년 인재가 있다면 발탁하면 될 일이다. 청년 장관 공약은 위인설관爲人設官이다. 왜냐하면, 공약하고 나면 어떻게 하던 청년 하나를 찾아야 하니 말이다. 장관은 여성 몫, 청년 몫, 이렇게 인심 쓰듯 나눠줄 수 있는 그런 성질의 것이 아니다.

그보다 앞서 생각해야 할 일은 청년을 어떻게 성장시키고 그들의 요구를 어떻게 담아낼지를 고민하는 것이다. 그리고 필요하다면 이 사회에서 청년이 큰일을 감당할 수 있도록 자리를 만들어주는 것이 합당하지 않을까 싶다.

5급 사무관이 1급으로 승진하는 데 얼마나 걸리는지 아는가? 되기도 어려울뿐더러 되어도 머리가 반 백발이 되어야 가능한 일이다. 그런데 느닷없이 웬 청년이 낙하산 타고 장관으로 온다고 생각해보라. 한 사람 때문에 수천 명이 낙심하는 일은 조직을 망치는 일이다. 말 못 하는 짐승이라도 함부로 대하면 슬프긴 매한가지다.

발상의 전환을 한다면 파격적 발탁 승진 제도를 공무원 사회에 도입하고 활성화하는 것이 필요하다. 그렇게 한다면 줄을 서는 시간에 일할 수 있는 동기부여도 될 것이고, 발탁에 발탁을 거듭하다 보면 모두가 동의하는 유능한 청년 장관이 자연스레 나올 수도 있을 것이다. 기업에는 젊은 세대의 임원들이 이미 활동하고 있다. 여기 어디쯤에서 답을 찾는 것이 순리라고 본다.

기업을 통해 국가가 배워야 할 때다

여기서 세계 초일류 기업의 후계 구도와 최고 경영자 발탁 과정에 주목해 볼 필요가 있다. 청년이 최고 경영자가 되는 경우는 자수성가 외에는 거의 찾아볼 수 없다. 기업은 한 사람을 위해 1,000명을 상심시키지는 않기 때문이다. 충분히 검증하고 체계적인 프로그램에 의한 훈련과 경험 그리고 첨예한 경쟁을 뚫고 여러 가지 관문을 통과한 단 한 사람만이 최고 경영자의 자리에 오르는 것이다.

총 20명의 연구 팀이 1만 5,000시간을 투입하여 연구한 결과를 출판한 짐 콜린스 교수의 『좋은 기업을 넘어 위대한 기업으로』에서 지속적으로 시장 평균보다 높은 성과를 내는 회사와 낮은 성과를 내는 회사를 비교했다.

15년 동안 지속적으로 성장한 총 11개의 위대한 기업을 선정하여 공통점을 파헤쳐갔다. 선정된 11개의 기업들은 전체 시장 대비 평균 6.9배에 이르는 누적 주식 수익률을 달성했다. 참고로 우리가 모두 초일류 기업으로 알고 있는 제너럴일렉트릭의 수익률은 시장 평균의 2.5배였다. 짐

콜린스는 11개 기업의 성공 요소 중 첫 번째는 사람이라고 밝혔다. 11개의 기업의 공통점은 남다른 리더십을 가진 최고 경영자들이 존재했다는 사실이다.

미국에서 사회적으로 성공한 최고 경영자 그룹을 대상으로 흥미로운 설문을 한 적이 있다. 'CEO로 재임 중 가장 자랑스러운 업적이 무엇이었나?'라는 질문에 가장 많은 답변이 나온 것은 '후계자를 제대로 선정하고 떠나는 것'이었다.

외부에서 영입한 저명한 최고 경영자들은 위대한 회사를 만드는 상관관계에서 상대적으로 부정적이었다. 도약에 성공한 11개 회사 중 10개 회사의 최고 경영자들은 회사 내부 출신인 반면 비교 기업들은 6배나 자주 외부에서 경영자를 영입했다. 선진 기업들은 경영자 양성을 위해 막대한 비용과 노력을 투입하고 있다. 미국에서 경영자 양성을 위하여 들이는 비용은 연간 10억 달러를 상회한다고 한다.

내부에서 양성하는 후계자 과정은 회사별로 차이가 있겠으나 통상 3단계로 이뤄지는 경우가 보편적이다. 3단계는 중역 단계, 부사장급 레벨 단계, 최고 경영자 양성 단계로 구분된다. 검증이 체계적이며 까다로운 것으로 잘 알려져 있는데 모든 검증은 그와 관련된 모든 부서의 국내외 책임자들에 의하여 다면적 평가가 이루어진다. 그리고 후보자의 장단점을 검토해 주어진 기간 동안 개발하도록 지원한다. 후계자로 선정되면 당사자와의 상담을 통하여 개인개발계획이 만들어지며 보통 1년 동안 경영 수업을 받게 된다.

100년을 내다보고 청년을 성장시켜야 한다

한 기업을 이끌어 갈 인재도 이렇듯 오랫동안 키워내는데 하물며 국가를 경영하는 장관을 공약을 지키기 위한 수단으로 저급화시키면 안 된다. 만약 누군가 이창호와 신진서의 20대 성공신화를 여기에 빗댄다면 요점을 왜곡하는 것이다. 이는 분명 다르다. 마치 수능시험에서 만점을 받는 것과 명문대학을 졸업하는 것을 동일시하는 것과 같다.

장관 자리에 앉을 사람은 실무에 능통하고 경험과 경륜이 높아야 한다. 그러기 위해선 시간이 필요하다. 그래서 조직 내에서 발탁하는 것이 좋다. 그런 제도를 마련하기 위해서 필요한 인재를 찾아내 체계적으로 훈련을 시켜야 한다. 내부 조직에서 발탁된 장관은 세계 초일류 기업의 사례에서 보듯 외부에서 초빙한 장관보다 훨씬 만족도가 높은 성과를 낼 수 있을 것이다.

물론 『삼국지』에 나오는 주유는 33세에 손유 연합군의 대도독이 되어 적벽대전을 승리로 이끌었고, 조선조 남이장군은 이시애의 난을 토벌하는 등 공을 세워 27세에 병조판서에 올랐고, 세종은 22세에 등극하여 가장 위대한 임금이 되었다고 주장한다면, 그저 "훌륭한 청년들입니다"라고 말할 수밖에 없다. 하지만 장구한 세월 드물게 일어난 사건을 두고 일반화할 수는 없는 일이다.

만약 이렇게 말한다면 다들 손뼉을 치며 동의할 것이다. 그들이 좀더 빠르게 경험하고 좀더 빠르게 큰일을 감당할 수 있도록 성장시키는 사회적 인재육성 프로그램을 만들었으면 좋겠다고, 선의의 경쟁을 통해서 검

중된 인재를 도전적으로 발탁하는 인프라를 만들었으면 좋겠다고 말한다면 말이다.

청년의 일은 청년에게, 국가의 일은 국가에게

세상이 빠르게 변한다. 시대 흐름에 민감한 청년들의 지혜를 더 크게 써야 할 시대다. 청년을 표로만 접근하지 말고 국가의 100년을 내다보고 국가라는 위대한 그릇에 맞는 인재를 골라 썼으면 하는 마음이다.

> "청년들은 더 이상 꿈을 꾸지 않으며 불공평한 생존보다 공평한 파멸을 선택하고 있다."

2022년 대선 토론에서 나온 말이다. 주장하고자 하는 말이 무엇인지 모르겠다. 그저 말의 잔치일 뿐이다. 그야말로 혹세무민이다. '공평한 파멸'이란 개념은 작위적으로 만들어진 나쁜 말이다. 파멸을 선택하는 청년이 누가 있단 말인가? 한마디로 자포자기를 조장하는 위험한 말이다. 공평하게 파멸하면 위안이라도 된다는 말인가? 파멸이 정당하기라도 하다는 말인가? 소위 국가 지도자들이 이런 말로 선동하면 안 된다. 건강하지 않은 말이다.

부모가 자식을 앞에 두고 "내가 못나 네가 이 고생이다"라고 말하면 자식은 위안이 될까? 물론 위안이 될 수도 있겠지만 그 다음은 그저 한

숨만 나올 것이다.

또한 청년이 취업을 못하는 것도 국가 책임, 청년이 결혼을 못하는 것도 국가 책임, 청년이 내 집을 마련하지 못하는 것도 국가 책임, 이도 저도 국가 책임으로 돌렸다가는 국가는 죄인이 되어 짓누르는 압박에 무너져 내릴 것이다.

대한민국에는 청년만 있는 것이 아니다. 여성도 있고 고령자, 중장년층도 있다. 모두가 힘들고 어렵긴 매한가지다. 국가는 반성만 해서는 안 된다. 청년의 핑계와 한탄에 합류하지 말고 청년에게 희망과 살아가고자 하는 의지와 힘을 기르도록 자극해야 한다. 청년은 오늘을 극복하고 미래로 나아가는 자들이다.

21세기 대한민국의 청년으로 태어나는 일은 더는 불행이 아니다. 국가는 태산처럼 무겁게 국가의 일을, 청년은 화산처럼 뜨겁게 청년의 일을 하면 될 일이다.

배고픈 건 참겠는데
배 아픈 건 못 참겠다

2022년 3월 9일 윤석열 대통령 후보가 이재명 대통령 후보를 꺾고 제20대 대통령에 당선됐다. 불과 0.73% 차이다. 국민의 절반은 환호하고 절반은 탄식했다. 탄식한 사람들 중 대부분은 이재명의 낙선은 참겠는데 윤석열의 당선은 못 참겠다며 마치 지구가 멸망한 듯 땅을 치며 술잔을 목 깊숙이 털어넣었다.

'사촌이 땅을 사면 배가 아프다.'

배가 아프다는 것, 한의학적 소견으로 보면 이렇다. 우리 마음의 미묘한 작용들이 뱃속 내장기관들에 직접적인 영향을 미치고, 그 작용을 그때그때 관찰해서 정화하지 않으면 내장기관들의 에너지가 정체되어 울혈이 생긴다. 이렇게 생긴 울혈들은 혈액순환, 에너지 및 영양분 공급, 노폐물 배출 등이 잘 안 되는 매우 건강하지 않은 조직으로 자리잡아 이런 것들이 이상 세포분열을 일으키면 배가 아프고 심지어 암 등의 심각한 질병으로 발전될 수도 있다고….

사촌이 땅을 샀는데 왜 배가 아파야 하냐고!

이는 그저 한의학적 소견일 뿐이다. 말하고자 하는 요점은 사촌이 땅을 샀는데 기뻐하지는 못할망정 왜 배가 아프냐는 것이다. 이성과 지성은 이렇게 말하며 박수를 보내지만, 감정과 느낌은 다를 수 있다. 돌아서면 너와 나 할 것 없이 갑남을녀, 선남선녀 모두 비슷한 증상을 보이는 걸 보면 사람 마음 한구석에 묘한 심술주머니 같은 그 무엇이 있나 보다.

그렇다고 이것을 나쁜 성질의 것으로 치부해선 안 된다. 건강한 자극이고 신선한 충격의 결과물이며 부러움의 산물이 되기도 한다. 좋게 승화시키면 나의 발전에 동기가 되며 분발할 수 있는 계기가 되는 것이다.

그러나 나쁘게 변모하는 것도 순간이다. 미움이 성장하고 시기심이 생기며 상대방의 일거수일투족이 거슬리고 맹목적인 적대감을 키우고 삶의 건강한 리듬을 상실할 수 있다. 이를 방치하다간 동조 세력을 규합하고 세력화해서 반대만을 위한 명분을 만들어 조직적인 대항 세력으로 성장할 수도 있다.

2022년 3월 10일 어김없이 날이 밝았다. 밤잠을 설친 국민의 절반은 배가 아팠다. 어떤 이는 매우 심각하게 아팠다. 마치 사촌이 땅을 산 것이 아니라 재벌이 되었다는 소식을 들은 듯이 말이다.

무엇이 그들을 싸우게 했을까?

동쪽 이남의 70%가 윤석열을 지지했고, 서쪽 이남의 90%가 이재명을 지지했다. 20대 남자의 60%는 윤석열을 지지했고, 20대 여자의 60%는 이재명을 지지했다.

이대남과 가장 친한 사람은 아마도 이대녀일 것이다. 이들은 오늘도 만나 다정히 웃으며 함께 밥을 먹었다. 그중 몇몇은 오늘 싸웠을 것이다. 어제 따로따로 주체적 의사 결정을 한 일을 두고 말이다.

남자의 60%는 밥을 산다고 하고 여자의 60%는 오늘 배 아파서 밥을 먹을 수 없다고 말했다. 눈치 없는 남자는 왜 그러느냐, 무엇을 잘못 먹었느냐 하며 들이대겠지만 여자로부터 까닭 모를 핀잔만 돌려받게 될 것이다. 만나면 사이좋은 이들을 누가 싸우게 했을까? 이들은 가만히 있었는데 말이다. 어느 날 자고 일어나보니 적이 되어 있었다.

동쪽 아래 역에서는 돼지를 잡고 잔치를 벌였겠으나 서쪽 아래 역에서는 집단 멘붕으로 도시 전체, 마을 전체가 마치 초상이 난 듯 의미 없는 관성의 하루가 해 따라 움직이는 그림자처럼 무기력하게 흘러갔을 것이다.

'서쪽 하늘로 노을은 지고 이젠 슬픔이 돼버린 그대를 다시 부를 수 없

을 것 같아 또 한번 불러 보네.'

이승철이 노래한 〈서쪽하늘〉이다. 그 하늘이 오늘 저 하늘은 아니었겠으나 자작자작 울려 퍼지는 마디마디가 한없이 처연하다.

누구의 책임인가? 모를 일이다.

누구의 책임인지는 모르겠으나 누군가는 책임져야 할 일이며 이 시대에 우리가 극복해야 할 중요한 명제가 이 사회 깊숙이 던져진 것만은 분명해 보인다. 동쪽에서는 선ᠬ이고 서쪽에서는 악ᠬ인 것, 또 남자에게는 선이고 여자에게는 악인 것, 노인에게는 선이고 젊은이들에게는 악인 것, 이런 전대미문의 것들이 마치 유령처럼 온 나라를 휘감았다.

이것들이 2022년 대통령 선거에서 만들어진 기상천외한 것들이다. 결자해지, 맺었으면 풀 줄도 알아야 할 텐데….

그날은, "배고픈 건 참겠는데 배 아픈 건 못 참겠다"라고 한탄하는 사람들, 소 팔고 돌아오는 뒷모습처럼 허전해하는 절반의 민초들에게 누군가 다가와서 대포라도 한잔 따라주며 심심한 위로를 전했으면 하는 날이었다.

오늘의 이 배 아픔이 건강하게 승화되기를 바란다. 총명하고 슬기로운 민족의 상서로운 기운이 집단지성으로 발휘되어 새로운 대전환의 에너지가 되기를 바란다.

지혜가 필요할 때
올바른 습관

지혜를 모아갈 때다. 그리고 두 사람은 한 사람보다 지혜롭다는 것을 인정할 때다. 서로 선의를 모아 간다면 말이다. 그러나 세상에는 그렇게 선의만 있는 것은 아니다. 그러므로 지금은 말의 옥석을 분간해야만 한다.

일본은 우리와 가장 가까운 나라다. 물론 지리적인 이야기다. 가까운 나라이니만큼 선연이던 악연이던 서로 밀접하게 얽혀 있는 것도 많았고, 교류도 많았다. 삶의 일터에서 일하고 있는 모습들을 보노라면 눈에 들어오는 것이 있다.

일본인은 리더를 중심으로 모여들고 한국인은 리더를 중심으로 흩어진다. 항상 그런 것은 아니겠으나 충분히 대비될 정도로 자주 그렇다. 그래서인지 일본인은 소집단 활동에 아주 잘 적응한다. 여러 명이 모여서 머리를 맞대고 지혜를 짜내는 데는 제격이다.

한국인은 그렇지 않다. 모이라고 하면 마지못해 느릿느릿 움직인다. 리더가 분위기를 조성하고 좋은 아이디어를 구하면 팀원들은 자신들의 생각을 쉽게 표현하지 않는다. 그저 머리를 짜내는 시늉만 한다. 잔뜩 찌푸린 이마의 주름살을 보노라면 금방이라도 뭔가 묘안을 쏟아낼 듯 기대를 자아내지만, 실상은 생각하기를 중단한 상태다. 생각하기를 강제할 방법은 더는 없어 보인다. 억지로 모이게 할 수는 있겠으나 생각하기를 중단한 사람을 깨워낼 수는 없는 일이다.

혼자서도 잘하고 모여서도 잘한다면

그러나 한국인은 독불장군으로 일하는 데는 일류다. 혼자 뭔가를 만들어내는 데는 아마도 세계 최고일 것이다. 한국인은 자기 주도형 천재다. 운동경기만 봐도 알 수 있다. 마라톤의 황영조, 피겨스케이팅의 김연아, 바둑의 이창호, 이세돌, 신진서, 골프의 박세리, 박인비, 고진영. 한국인이 제일 싫어하는 것은 통제받는 것이다. 그리고 함께 모여서 뭔가 시너지를 도모하는 일이다.

이런 사람들을 스물을 갓 넘기자마자 의무적으로 군대에 보내 함께 먹고, 함께 자고, 재미도 없는 군가 부르면서, 줄 서서, 발맞추어 가라고 하니 미칠 노릇이다. 이럴진대 일제강점기 36년을 보낸 선조들은 어땠을까? 실로 기가 막힐 일이다. 그토록 견딜 수 없었으니 독립운동도 거셀 수밖에 없지 않았을까? 물론 우국충정의 발로였음을 의심치 않는다.

그렇다고 하더라도 아쉬움은 있다. 혼자서도 잘하고 모여서도 잘하면 얼마나 좋을까? 통계를 가지고 하는 말이 아니라 전적으로 현장에서 보고 느낀 내 맘대로의 생각이다.

어부가 게를 잡아 소쿠리에 던져 넣고 있었다. 그런데 소쿠리에 뚜껑이 없어 게들이 위로 올라왔다. 마침 지나가던 국회의원이 염려되어 어부에게 물었다. "애써 잡은 게들이 다 도망 가면 어쩌려고 뚜껑을 열어놓았습니까?" 어부가 말했다. "게들은 우리나라 국회의원을 닮아서 한 마리가 위로 올라가면 밑에서 여러 마리가 당겨서 절대 도망을 못 갑니다." 국회의원은 얼굴이 확 달아올랐다. 말을 잃고 돌아설 수밖에. 아마도 국회의원을 미워하는 누군가가 지어낸 이야기일 것이다.

우리는 어릴 때부터 너무 경쟁적으로 교육을 받았다. 그래서 서로 협력하는 훈련보다는 상대방을 이기는 게임에 훨씬 익숙하다. 그렇다 보니 성년이 되고서도 서로 모여서 지혜를 모으는 일에는 어색하다. 교육부에선 이런 특성에 대해 관심이나 있는지 모르겠지만 말이다.

소쿠리에 있는 게가 다 탈출해서 바다로 돌아가면 좋겠다. 가장 작고 약한 한 마리부터 먼저 위로 올라가고 여러 마리가 밑에서 밀어주면 마치 군사작전 하듯 신속한 탈출이 가능할 것이다. 그다음 국회의원이 게를 닮아가고 그렇게 흘러가다 보면 한민족의 유전자도 협력형으로 바뀌지 않을까⋯. 물은 위에서 아래로 쉼 없이 흐르니까 말이다.

아침 일찍 일어나는
벌레의 운명

앞에서 지혜를 모아야 할 때는 혼자보다 둘이 낫다고 말했다. 하지만 모든 게 그렇게 원활하게 돌아가면 더할 나위 없이 좋겠지만 항상 그런 것은 아니다. 때로는 혼자이니만도 못한 경우도 허다하다. 왜 그럴까?

생각하기를 멈춘 탓이다. 생각하기를 멈춘 것은 그나마 낫다. 더 심각한 경우는 다른 사람의 아이디어 통로를 막아서는 소위 '아이디어 암살자'가 주변에 있기 때문이다. 그들은 아이디어를 내기보단 다른 사람의 아이디어를 흠집 내는 데 열을 올린다.

아이디어 암살자들은 논리적이다. 얼핏 들으면 너무도 옳고 날카로움까지 겸비하고 있다. 하지만 찬찬히 살펴보면 그 논리는 궤변에 가까우며 본말을 전도하고 핵심을 희석해 논쟁이 끌고 가야 할 팀워크의 길을 묘연하게 만든다.

아이디어 암살자의 준동

속담 중 조흥조충집早興鳥蟲執, 즉 '일찍 일어나는 새가 벌레를 잡아먹는다'
가 있다. 누군가 이 말을 인용해 말을 하면 호시탐탐 기회를 엿보던 '아이
디어 암살자'는 바로 준동한다. "그럼 아침에 일찍 일어나는 벌레는 어떻
게 됩니까?" 우리 주변에는 말하고자 하는 의도를 왜곡하고 비틀어 꼬아
마치 해학적인 기발함인 양 포장하고 위장하는 자들이 있다. 물론 그들
의 말이 모두 그르다고 볼 수는 없다. 얼마쯤은 그런 식으로 생각하는 것
도 참신하기도 하다.

하지만 핵심을 벗어난 이야기는 상대방의 이야기를 듣는 데 최악의
태도다. 만약 그들의 의견을 누군가가 꼰다면 꼰 그자가 아이디어 암살자
가 될 것이다. 아이디어 암살자는 누구라도 될 수 있다. 당신도, 나도 한
번쯤은 아이디어 암살자가 되어 말로 누군가의 말을 죽였을 수도 있다.

그런 사람들을 효과적으로 구별하기 위해선 우리는 다른 사람의 말
을 최대한 자세히 듣고, 곰곰이 생각해보고, 신중하게 받아들여야 한다.
그렇지 않으면 자기 생각을 올곧게 펼치지 못하고 그대로 좌초될 수 있다.

웃고 있는 기업들은 망한다?

경제 예언가 군터뒤크는 '웃고 있는 기업들은 망합니다'라고 했다. 그의
손짓은 대수롭지 않다는 듯 웃고 있는 사람들을 가리키고 있다. 은행들
은 인터넷뱅킹을, 코닥은 디지털카메라를, 서점은 e-Book을 비웃었다.

이 비웃음이 낳은 것은 마치 호랑이 앞에서 짖고 있는 하룻강아지의 무모함이었다. 결과는 냉혹했으며 터전을 잃은 옛 명성은 이 비웃음과 함께 사라져갔다. 강자들은 새로운 아이디어를 방해나 되는 것처럼 취급했다.

하지만 디지털 변화에 직면하여 전통적 강자들의 웃음이 이미 사라졌다. 자의 반 타의 반으로 반응하는 사람들에 대해 군터뒤크의 추가적 한마디는 더 자극적이다.

'내일이면 여러분들은 관심권에서 멀어질 겁니다!'

귀 기울여 들어야 한다. 강자일수록, 높을수록, 부자일수록 더욱 귀를 기울여 들어야 한다. 우리는 보았다. 귀 기울일 생각이 없는 비웃음이 무엇을 낳았는지. 더불어 우리는 그들 틈 사이에서 이들보다 더 현명하고, 더 좋고, 더 창조적으로 생각하는 미덕을 쌓아 올려야 한다. 이 미덕이 옥토에 뿌려져서 반드시 움을 틔우도록 해야 한다. 이렇게 뿌려진 씨앗들이 미래가 되는 세상! 생각만 해도 방금 쓸어놓은 마당처럼 앞이 훤하다.

아아!
리플리 씨

"사람은 왜 거짓말을 하는 것일까?"
"당연히 돋보이기 위해서지."

여인은 온갖 거짓말로 자신을 포장하며 살아오다가 학력위조가 드러나면서 검찰 조사를 받게 된다. 검찰 추궁을 받던 중 불안 증상을 보이며 그녀는 말한다.

"전부 내 잘못이 아니에요. 나는 동경대생이 맞아요. 동경대학교를 나왔고 호텔의 객실 매니저예요. 그리고 몬도그룹의 후계자와 결혼을 앞두고 있어요. 이 사실은 절대 변하지 않아요. 변하면 안 돼요."

2011년에 방영된 MBC 드라마 「미스 리플리」의 한 장면이다. 한때 세상을 들썩이게 한 '신정아 사건'이 모티브가 돼서 만들어진 드라마로, 자신이 꾸민 거짓말을 진실로 믿어버리는 '리플리 증후군'을 앓는 여자의 이야기를 그렸다. 자신이 지어낸 거짓말을 믿어버리는 정신적 상태를 뜻하는데 그렇게 되기까지는 성공에 대한 집착이 과도할 정도로 높아야 한다. 모름지기 정도의 차이가 있겠으나 어느 선을 넘으면 병이 되는 것이다.

'신정아 학력위조', '김건희 허위이력', '정경심 표창장' 등 잊힐 만하면 뺑덕어멈 곶감값 튀어나오듯 불쑥불쑥 나타난다. 리플리 증후군의 '리플리'는 패트리샤 하이스미스의 소설 『재능 있는 리플리 씨The Talented Mr. Ripley』의 주인공 이름에서 비롯됐다. 2007년 신정아 학력 위조사건 때도 영국의 한 일간지에서는 신정아를 리플리와 비교하며 '재능 있는 신 씨'라는 기사 제목을 붙인 바 있다.

리플리 증후군의 대표적인 특징은 자신의 이익이나 쾌락을 위해 다른 사람을 속이는 사기성, 반복적인 거짓말, 가명으로 활동하는 점을 들 수 있다. 또 한 가지 중요한 점이라고 한다면, 보통 거짓말을 하는 사람들은 그것이 탄로가 날까 봐 두려워하지만 '리플리 증후군'은 오히려 거짓으로 만들어진 상황을 사실이라 여기면서 그 상황을 즐기고 행복해하는 특징이 있다.

그래서 많은 사람들이 리플리 증후군을 정신질환으로 오해하곤 하는데 어느 정신의학과 교수는 정신질환이 되려면 해당 증상으로 사회, 직업, 가족 기능 등 일상에 장애가 발생해야 한다며 리플리 증후군만 보고 정신질환이라고 단정하기는 어렵다고 했다.

이것이 정신적 질병에 속하던 속하지 않던 멀쩡한 사람이 목적을 달성하기 위해 세상을 속이는 일은 결코 용서받지 못할 일이다. 속담 하나가 떠오른다. 옛날 우리 선조들은 명석했다.

'바늘 도둑이 소도둑 된다.'

이 말 언저리 어디엔가 답이 있을 듯하다. 타고난 소도둑은 없다. 어찌 날 때부터 소도둑이 따로 있겠는가? 또 타고난 리플리가 어디 있단 말인가? 하다 보면 빠져들고 빠져들면 습관이 되고 습관이 되면 바로 중독 상태가 된다. 스스로 지어낸 거짓말을 자신이 믿어버리는 정신적 상태에 빠져 어느 순간 스스로 헤어나오지 못하는 것은… 곧, 환자다. 이 상태가 되면 자신도 모르게 '리플리'라는 이름이 붙어버리게 된다. '리플리 양', '리플리 씨', '리플리 여사님' 등등.

실력을 쌓아야 할 것과 버려야 할 것을 구별하는 힘

뭐든지 자주 하면 실력이 생긴다. 거짓말에 실력이 생기면 좋을 게 하나도 없겠지만 실력은 향상될 것이다. 말을 많이 하면 말이 늘고 운동을 많이 하면 근력이 생긴다. 공부하면 학문이 높아지고, 기술을 배우면 기술이 연마된다. 김연아는 언제부터 트리플 악셀을 그리 잘했을까? 모르긴 해도 수천 번 넘어지며 다듬어진 결과일 것이다.

단순한 결과다. 거짓말을 자주 하면 거짓말이 늘고, 거짓말이 늘면 진실과 거짓의 경계가 희미해진다. 그러지 않기 위해선 실력을 쌓아야 할 것과 버려야 할 것을 구별하는 힘을 가져야 한다. 이런 힘이 강한 자는 부모에게 감사하길 바란다. 강물이 위에서 아래로 오늘도 쉼 없이 흐르듯 까마득히 기억조차 할 수 없는 그때부터 보고 들은 사소한 것들이 지금도 내 몸속에 유유히 흐르고 있다.

위기감은 위기의 허구며
매우 건강한 것

위기감은 위기와 구별된다. 위기감은 위기의 허구다. 즉, 위기에 직면하지 않기 위해서 느껴야 할 매우 건강한 느낌이 위기감인 것이다. 신라의 화가 솔거가 진흥왕 때 황룡사 벽에 노송 한 그루를 그렸는데 새들이 이를 보고 날아와 앉으려다 떨어졌다고 한다. 가히 신화적인 그림이다. 그럼 예술적인 가치로 살펴볼 때 〈노송도〉는 정말 훌륭한 예술품이었을까?

논쟁은 시대의 비평가 이어령으로부터 비롯되었다. 이는 예술이 추구하는 '현실감'이 아니다. 그냥 '리얼'인 것이다. 그의 덧붙임에는 확신이 묻어나 있다. 게다가 말이 매웠다.

'다만 노송도가 매우 훌륭한 수렵 도구라고 한다면 굳이 반대하지 않겠다.'

리얼리티는 느낌이다. 느낌은 일단 허구다. 허구를 바탕으로 하는 예술세계에서 사실 그 자체를 숭상하는 것은 그들의 범주가 아니라고 보는 것이다. 마찬가지로 위기감은 위기와 구별된다. 굳이 말하면 위기감이 먼저고 위기가 나중이다. 이는 질문이 먼저이고 대답이 나중인 것과 같다. 나중을 통제하는 것은 먼저다. 그렇다면 위기를 통제하는 것은 위기감이 될 것이다.

위기감을 통해 지혜라는 촉을 발휘할 때

그러므로 우리가 느껴야 할 위기감이 얼마나 시기적절하게 잘 가동되느냐에 따라서 다가올 위기를 잘 모면하거나 예방할 수 있다. 따라서 위기감은 매우 건강하고 기능적인 신호다.

최근 북한은 미사일 발사 수위를 끌어올리고 있다. 요격이 사실상 불가능한 초음속미사일이 등장하고 있으며 잠재적인 미사일 발사 중단 조치를 해제할 수 있음을 은근히 드러내고 있다.

이 상황에서 우리는 무엇을 느낄 수 있을까? 위기감을 느끼는 사람은 몇이나 될까? 너무나 자주 있는 일이어서 우리에게 무언가 벌어질 일이 아니라고 생각할까? 그렇다면 우리는 대범해진 걸까? 둔감해진 걸까?

반복되는 자극은 사람을 둔감하게 만든다. 이런 일이 처음이 아니라서 우리나라 사람들은 북한의 이런 도발 행위에 대해 둔감해지고 있다. 하지만 마음 한편이 살짝 걸리는 것은, 잠재적인 위기감이 작동하고 있기 때문일 것이다. 따라서 우리는 이런 위기감을 매우 건강하게 받아들여야 한다.

위험은 통상 치명도와 확률의 곱으로 표현된다. 즉, 치명도가 아무리 높아도 확률이 제로라면 위험은 없는 것이다. '벼락 맞아 죽을 확률보다…'라는 전제가 붙는다면 그다지 가능성이 높지 않은 것이다.

건강한 위기감이 작동되기를

대한민국은 남북이 대치 중이다. 북한의 핵 능력과 대한민국의 미사일 능력은 한반도를 뒤집어 바다로 만들었다가 다시 뒤집어 산맥으로 솟구쳐 올릴 만큼 충분하단다. 뒤집어 돌려놓는다고 안심할 필요는 없다. 어차피 온전한 건 없을 테니….

국가는 이 위험을 대비할 위기감을 가지고 있을 것이다. 우리는 때론 존재하는 그 이상으로 믿고, 때론 형편없이 폄훼하기도 한다. 우리의 믿음과는 상관없이 진실은 이 언저리 어디쯤 존재할 것이다.

우여곡절 끝에 어마어마한 대가를 치르고 사드가 배치됐다. 고고도 미사일 요격 시스템이다. 북한에서 핵탄두 미사일을 쏘면 공중에서 요격하는 첨단장비다. 확률이 얼마나 될까? 90%라면 안심할 수 있을까?

사드 배치에 대한 걱정이 2가지가 있다. 하나는 하늘에서 터지면 땅이 무사할까? 둘은 9발 요격하고 10발째 맞으면 덜 아플까? 건강한 위기감이 필요하다.

내키지는 않지만 이 상황에는 우디 앨런의 말이 옳아 보인다.

'두 갈래 길이 있다. 한 길은 완전히 파멸로 결정이 난 길, 다른 한 길은 가능성이 거의 없어 보이는 희미한 길, 지혜가 필요한 때다.'

그렇다, 참으로 지혜가 필요한 때다. 건강한 위기감이 작동되기를 바란다. 상황을 직시하고 올바른 정보를 공유하며 실효성 있는 대비책을 강구할 수 있는, 그리하여 절대로 위기를 초래하지 않는, 양치기 소년의 가벼운 입이 아니라 초병의 시퍼런 눈동자 같은 건강한 위기감 말이다.

웃으며 마속을
용서하다

하나를 얻는다는 것은 다른 하나를 잃어버리는 것이다. 챙기려 할수록 버려지는 것들은 늘어난다. 많이 챙기면 많이 잃는다. 사노라면 매 순간이 선택이다. 어떤 선택은 찾는 이가 많아 경쟁을 통해 그 수를 제한한다.

수많은 학생이 서울대학교에 가고 싶지만, 일부만 그 뜻을 이룬다. 그러나 서울대학교를 선택하면 다른 대학교들을 포기해야 한다. 만약 서울대학교를 포기하고 다른 대학교에 갔다면 일생일대에 소중한 기회나 인연을 만나 더 빛나는 삶을 살 수 있을지 아무도 모를 일이다.

또는 미술이나 음악 같은 예체능으로 진로를 정하고 싶었지만 부모가 그토록 열망한 의대를 지원했다면 그는 성형외과 의사가 되기 위해 피카소나 모차르트 또는 조용필이나 서태지를 버려야 한다. 모르긴 해도 베토벤이 슈바이처를 버리고, 고흐가 스티비 원더를 버리고, 빌 클린턴

이 『긍정의 힘』으로 엄청난 인기를 얻은 목사 조엘 오스틴을 버렸던 수많은 결정이 지금, 이 순간도 벌어지고 있음이 분명하다.

제갈량의 선택은?

우리는 어떤 선택을 했을 때 다른 선택을 했을 경우 벌어질 일들을 알지 못한다. 즉 버려진 것들이 주는 일상을 맛보지 못한다. 그래서 가끔 우리는 어떤 선택을 하고 난 뒤 두고두고 후회하기도 하고, 또 그 선택을 하지 않았다는 것에 몸이 오싹할 정도로 자신이 대견해지기도 한다.

그렇다면 우리는 어떤 결정을 내려야 할까? 취해야 할 것과 버려야 할 결정의 기준은 과연 있을까? 선택의 기준, 어떤 결과가 초래되더라도 후회하지 않을 기준이 필요한 것이다. 즉, 버려야 할 기준과 취해야 할 기준 말이다.

제갈량이 위나라를 공격할 무렵의 일이다. 제갈량의 공격을 받은 조예는 명장 사마의를 보내 방비토록 하였다. 사마의의 명성과 능력을 익히 알고 있던 제갈량은 누구를 보내 그를 막을 것인지 고민했다. 제갈량의 친구이자 참모인 마량의 아우 마속이 자신이 나아가 사마의의 군사를 방어하겠다고 자원했다. 마속 또한 뛰어난 장수였으나 사마의보다 부족하다고 여긴 제갈량은 주저했다. 그러자 마속은 실패하면 목숨을 내놓겠다며 거듭 자원했다. 결국 제갈량은 신중하게 처신할 것을 권유하며 전략을 내린다. 그러나 마속은 제갈량의 명령을 어기고 다른 전략을 세웠다가 대패하고 만다. 결국 제갈량은 눈물을 머금으며 마속의 목을 벨 수밖에 없었다. 엄격한 군율이 살아 있음을 전군에 알리기 위해서는 어쩔 수 없는 일이었다.

『삼국지』에 나오는 일화, 읍참마속泣斬馬謖이 탄생한 이야기다. 제갈량은 머리와 가슴이 싸운 결과 머리의 결정에 따랐다. 울면서 마속의 목을 베었다. 공정한 업무 처리와 법을 적용하기 위해 사사로운 정을 포기하는 것을 가리키는 사자성어다.

만약 제갈량이 '소서마속笑恕馬謖'을 결정했다면? 즉 머리와 가슴이 싸운 결과 가슴의 결정을 따랐고 웃으며 마속을 용서했다면 이야기는 달라졌을 것이다.

  …그러나 마속은 제갈량의 명령을 어기고 다른 전략을 세웠다가 대패하고 만다. 제갈량은 엄격한 군율이 살아 있음을 천명하며 즉시 마속의 목을 베는 대신 싸움이 급하니 공을 세워 과를 씻을 것을 명했다. 이후 마속은 제갈량 사후 강유와 쌍두마차가 되어 사마의를 물리치고 한중을 회복하며 중원으로 달려가 허창을 도모하고 한나라를 재건했다.

이는 분명 허구다. 그렇다고 뭔가 이상한 일도 아니다. 조조도 마초에게 패한 하후연과 장합을 공을 세워 과를 덮는 조건으로 살려준 바 있다. 이런 예는 허다하며 승패는 병가의 상사이니 그 처벌을 두고는 최고 지휘관의 재량권인 셈이다. 마속을 살려 역사를 바꿨다면 제갈량은 후대에 더 크게 평가를 받았을 것이다.

취하거나 버려야 할 결정의 기준은?

버려야 될 기준은 머리의 판단이다. 머리는 영악하며 이익을 좇는 경향이 다분하다. 절대로 손해 보는 결정을 하지 않는다. 그러나 장기적으로 보면 후회하는 경우가 많다. 제갈량의 눈물은 이후 두고두고 회상하며 흘렸을 가능성이 크며 분명 후회의 눈물일 것이다.

취해야 할 기준은 가슴의 판단이다. 가슴은 곧 마음이며 양심의 소리다. 가책이 없는 결정은 절대 후회하지 않는다. 당시에는 좀 손해가 되더라도 장기적으로 이득이 되는 경우가 많다. 시간이 지날수록 자긍심을 가질 수 있으며 무시로 뜻 모를 미소가 번지는 멋있는 결정이다. 내가 진정으로 나 자신을 좋아할 수 있는 결정인 것이다. 이런 결정 자주 하고 습관 되면 분명 뭐가 돼도 된다.

MOMENT

4

한
번
더
생
각
하
다

두려움을 느낄 수 있는
축복

두려움은 불안정한 상태에 있을 때 생기는 감정이다. 불안정한 이유는 마음속에 거리낌이 있을 때다. 즉, 마음속에 거리낌이 없어지려면 부끄러움이 없는 상태, 죄의식이 없는 상태, 양심이 나를 완벽하게 통제하는 상태가 유지돼야 한다.

똑똑한 라스콜니코프는 왜 살인 후에야 이 진실을 깨달았을까? 두려움은 칼이 아니라 죄라는 것을…. 사랑의 반대말은 미움이 아니라 두려움이다. 혹자는 긍정의 반대말은 부정이 아니라 두려움이라고 주장하기도 한다.

이쯤 되면 응용이 가능하다. 평안의 반대말은 불안이 아니라 두려움, 안정의 반대말은 불안정이 아니라 두려움… 이럴 테면 모든 안정적인 상태의 반대말은 두려움이 되는 것이다. 심지어는 혁신과 창의의 반대말은 모방이 아니라 두려움이라고도 한다.

요즘 흔히 공황장애로 고생하는 사연들이 드문드문 전해진다. 갑자기 극도의 불안을 느끼는 불안장애의 일종으로 심한 불안과 초조감, 죽을 것 같은 공포를 느끼고 가슴 뜀, 호흡곤란, 흉통이나 가슴 답답함, 어지러움, 손발 저림, 열감 등의 다양한 신체 증상이 나타나는 질병이다. 공황장애의 발생 원인을 한마디로 말하면 두려움 때문이라고 할 수 있다.

두려움의 본질

언어의 가법성이 성립한다면 그 역도 참일 것이다. 그러므로 두려움의 반대말은 믿음, 소망, 사랑, 긍정, 안정, 온유… 모든 긍정적, 안정적 언어들이다.

우리는 두려움의 본질을 좀더 심도 있게 들여다보기 위해 도스토옙스키의 『죄와 벌』을 살펴볼 필요가 있다. 가난한 대학생 라스콜니코프는 전당포 노파 알료나와 그녀의 여동생 라자베타를 도끼로 살해하고 살인을 할 수밖에 없었다며 자기합리화를 한다. 하지만 자신의 사고에 맞춰 범죄를 정당화하는 데도 한계가 있는 법, 여러 상황을 통해 양심의 가책을 느끼게 된다.

'인간이란 모든 것을 손아귀에 쥐고 있으면서도 단지 두려움 때문에 이 모든 것을 그냥 스쳐 보내는 거야…. 이건 자명한 진리야…. 재미있는 일이야. 한데 도대체 사람은 무얼 가장 무서워하는 것일까?'

그의 두려움에 대한 실험은 인간의 생명 앞에 던져졌고 결국 살인에 성공했다. 그러나 그 뒤에 엄습한 지독한 두려움! 결국, 그는 깨닫는다.

'인간이 두려움을 느낄 수 있다는 것이 축복일지도 모른다. 겁쟁이는 악이 아니다. 절대적인 것에 두려움을 느끼고 나약한 인간을 인정하는 것이 두려움을 넘어선 용기이지 죄를 범하는 것은 오만일 뿐이라는 것을….'

결국 그는 경찰서로 향했다. 자수를 위해서다.

'사실 중요한 것은 모든 것이 지금부터 새 출발이라는 사실이며, 현재와 미래가 뚜렷이 구분되고 만다는 점이야.'

이후 법의 심판을 받은 라스콜니코프는 시베리아로 8년 유배형을 받는다. 작가는 과거와 미래라는 창을 이용해서 두려움과 자유로움을 구분하고자 했다. 즉, 과거는 두려움, 미래는 자유로움.

죄는 어디에서 비롯되는 것일까? 결핍과 탐욕이다. 결핍이 빚어낸 죄는 동정의 여지가 있을 것이다. 그러나 탐욕이 빚어낸 죄는 지탄의 대상이다. 그렇다고 전자가 죄가 되지 않는 것은 아니다. 라스콜니코프는 결핍으로 인해 착시가 생겼다. 돈 많은 노파의 불필요한 돈이 얼마나 많은 사람을 구할 수 있는가에만 초점을 맞췄다.

그러나 일이 완성된 다음에야 느끼게 된다. 죄에 대한 두려움을…. 라스콜니코프는 두려움을 극복하면 필요한 것을 다 얻을 수 있다고 생각했지만 정작 죄를 짓고서야 진정한 두려움이 무엇인지를 깨달았다. 지금, 이 순간에도 숱한 라스콜니코프가 돈 많은 노파의 돈을 노리고 있을 것이다. 문제는 일이 감행되기 전에는 자신이 정당하다는 것이다.

이를 어쩌나….

학교에서 두려움을 가르치는 과목이 있었으면 좋겠다. 두려움은 인간이 경험을 통해서만 느끼는 감정이기 때문에 중고등학교에서 대표적인 경험들만 추려서 감정이입을 해보는 시간을 갖는 것이다.

물론 현재의 공교육에선 도덕이나 윤리 같은 교과과정이 있고, 여러 문학 작품을 통해 죄의 두려움을 간접 경험할 수도 있겠지만 라스콜니코프의 두려움은 독서를 통해 깨닫기가 쉽지 않을 것이다.

두려움을 미리 경험한다면?

범죄를 예방하는 가장 효과적인 방법은? 범죄 후에 느낄 두려움을 미리 알게 하는 것이다. 라스콜니코프는 도끼를 가슴에 품고 거리로 나와 주위를 두리번거렸다. 채권자와 마주칠까 봐 조마조마했던 것이다.

'이렇게 큰일을 꾸밀 생각이면서 동시에 이렇게 시시한 것을 두려워하다니!'

이런 자가 살인을 하다니, 참으로 안타깝기 그지없는 일이다. 이 일만 아니었다면 라스콜니코프는 흠잡을 때 없는 청년으로 살아갔을 것이다. 그리고 살인죄에 대한 두려움을 미리 경험했다면 그는 노파에게 향할 도끼를 도로 거뒀을 것이다. 그런 관점에서 본다면 우리가 느끼는 두려움은 축복 중의 축복이다.

경험되지 않은
탁상은 위험하다

진실은 인간의 어떤 왜곡에도 불구하고 늘 하나의 모습으로 존재한다. 다만 부지불식간, 때론 알고서도, 심지어는 의도적으로 왜곡하는 경우도 있을 것이다. 특히 주의해야 할 것은 탁상공론이다. 경험되지 않은 탁상은 흔히, 진실보다 더 진실같이 왜곡할 수도, 왜곡될 수도 있기 때문이다.

'수염 텁석부리 선생이 청개구리를 해부하여 가지고 더운 김이 모락모락 나는 오장을 차례차례로 끌어내어 자는 아기 누이듯이 주정병酒精瓶에 채운 후에… 뾰쪽한 바늘 끝으로 여기저기를 쿡쿡 찌르는데도 오장을 빼앗긴 개구리는 진저리를 치며 사지에 못 박힌 채 벌떡벌떡 고민하는 모양이었다.'

염상섭의『표본실의 청개구리』의 한 대목이다. 언어가 총탄보다 무섭게 표적을 맞히기도 하고, 포탄을 막는 단단한 성벽이 되기도 하는 것처럼 순수한 문학의 언어와 감동을 지키기 위한 한국 문단 논쟁사의 이정표를 담은 문학 평론집으로 일컬어지고 있는『장미 밭의 전쟁』에서 이어령은 다음과 같이 비명조차 지를 수 없는 급소를 찔렀다.

> '이 소설의 사실적 묘사를 두고 칭찬 일색의 비평들이 마구 쏟아졌지만 사실 청개구리 창자에서 김이 난다는 것은 바닷속에서 독수리를 잡았다는 말보다도 더 기적 같은 말이다. 개구리는 냉혈동물이라 체온이 없고 따라서 김이 모락모락 날 리가 없다.'

요즘 말로 '빼박' 딱 걸렸다. 아무리 선의라 한들 힘 조절이 중요하다. 힘 들어간 펜은 자제력을 상실하고 힘차게 뻗어간다. 기분은 짱이다. 그러나 결과는 꽝이다. 더욱 생생하게 전달한다는 것이 그만 김이 새고 말았다. 홈런인 줄 알았는데 오비가 난 것이다.

힘을 조절해야 유연하게 행동할 수 있다

힘 조절, 매우 중요하다. 특히 말할 때와 퍼팅할 때 그리고 글 쓸 때, 하지만 안타까운 일이다. 이렇게 훌륭한 글을 단 한마디로 망치다니.

어깨에 힘이 들어가면 공을 절대로 멀리 보낼 수 없다. 글을 쓸 때에는 손목에 힘을 빼야 한다. 손목에 힘이 들어가면 펜 끝으로 흐르는 잉크가 흐르고 넘치게 된다. 넘쳐흘러 영역을 벗어난 잉크는 통제되지 않는다. 그리고 언젠가는 다시 돌아와 손모가지를 비틀고 말 것이다.

말 잘하고 글 잘 쓰는 사람이 화를 당하는 경우가 많다. 노출 빈도가 높다 보니 저격을 당할 기회가 많기 때문이다. 확률적으로 볼 때 당연한 일이다. 특히 요즘같이 일거수일투족, 한마디 한마디가 바로 드러나고 기록되는 세상에는 순간 조심치 않으면 딱 걸리기 십상이다.

그러나 습관적으로 말을 줄이고 조심하고 상대방을 배려하며 공손한 사람은 이런 늪에 쉽게 빠지지 않는다. 혹시 빠진다 해도 빠져나갈 구멍이 전혀 없는 것은 아니다. 실수로 인정받을 여지도 살짝은 있으니 말이다. 그러나 근본적 처방은 힘을 빼야 한다는 것이다. 항간에 떠도는 말을 보면 그리 쉽지는 않을 듯하다.

'힘 빼는 것이 가장 힘들다.'

힘을 빼고 옥석을 가리고

그렇다. 옳은 말이다. 해본 사람은 다 안다. 힘을 빼기가 쉽지 않다는 것을…. 그리 쉬웠다면 누가 이런 전철을 밟을까? 세상은 두 갈래로 싸움이 한창이다. 한 갈래는 힘을 빼고, 다른 한 갈래는 옥석을 가리고. 이래저래 세상은 조금씩 투명해져 하루 지나면 한 치씩 진실에 가까워진다.

우리가 가장 주의해야 할 것은 경험되지 않은 탁상이다. 이 경우 칼자루 쥔 자와 목소리를 우선 경계해야 한다. 진실은 칼자루, 목소리와는 전혀 상관성이 없다. 그러나 현실은 칼자루와 목소리 앞에 진실이 자주 굴복하고 있다.

칼자루 쥔 자와 목소리 큰 자의 으뜸은 대통령, 재벌총수이고 다음은 장관, 국회의원, 단체장이다. 이들이 진실에 귀 기울이면 90%는 해결된다. 나머지 10%는 이 위험한 탁상 앞에서 진실이 용감해지는 일이다.

내 자식!
내 마음대로 되지 않기를

비 온 하늘에 무지개가 걸렸다. 소년은 무지개를 갖고 싶었다. 소년은 무지개를 잡아오겠다며 엄마에게 작별인사를 하고 길을 떠났다. 엄마는 그런 소년을 눈물로 배웅했다. 소년은 숲과 들과 산과 강을 건넜다. 그러나 무지개는 잡히지 않았다. 소년은 많은 소년을 만났다. 그들도 무지개를 찾아 나섰던 것이다. 무지개는 더 멀리 달아났다. 소년은 한 걸음도 더 나아갈 수 없을 만큼 지쳤다. 소년은 무지개를 잡을 수 없다는 것을 깨달았다. 그새 소년의 검은 머리는 백발이 됐고, 동안의 얼굴에는 주름이 성겨 있었다.

우리가 너무도 잘 알고 있는 김동인의 『무지개』 속 소년의 이야기다. 여기서 우리는 소년을 배웅할 때 흘린 '엄마의 눈물'에 주목할 필요가 있다. 엄마는 왜 눈물을 흘렸을까? 엄마는 이미 결말을 알고 있었던 것이다. 무지개는 잡을 수 없다는 것을. 그리고 뜻을 이루지 못한 자식의 머리 위에 얹어질 하얀 세월들도 헤아렸을 것이다.

그런데 왜 간곡히 말리지 않았을까? 말려보았을 것이다. 그러나 겪어봐야 비로소 아는 것들이 있다. 돌아보면 '이것이 아니었구나!' 하고 느낄 수 있는 것들, 그토록 집착해온 것들이 그토록 하찮은 것임을 깨닫게 될 때, 그때 느끼는 회한과 아쉬움을 뒤집어보면 그것이 바로 삶의 참모습이 아닐까?

자식 키우는 부모 모두 이구동성으로 한마디씩 한다.

"내 자식이지만 내 마음처럼 안 돼요."

이 말을 하면서 느끼는 속내는 '내 자식이라서 마음대로 되어야 하는데 마음대로 안 된다'라며 속상해하는 것이다. 자식은 부모 마음대로 돼야 하는 것일까? 생각해보니 마음대로 안 되는 것이 매우 당연한 일이다. 하물며 내 뱃속에서 나온 아이라도 하나의 인격체다. 부모의 소유물이 아니기 때문이다. 더욱이 마음대로 된다면 그것이 어디 독립된 인생인가? 마음대로 되지 않으니 부모의 인생, 자식의 인생이 따로 있는 것이다.

무지개보다 더 큰 무지개를 찾을 때

무지개를 좇는 자식을 말리지 못한 엄마는 눈물로 아들을 보냈을 것이다. 그러나 모든 소년이 무지개를 좇는 데 실패하는 것은 아니다. 개중 몇

몇은 무지개를 좇다가 더 소중한 것을 찾아 방향을 틀기도 했을 것이고, 끝내 무지개보다 더 큰 무지개를 잡기도 했을 것이다. 즉, 부모의 상상을 뛰어넘는 것이다.

만약 이 아들딸이 부모 마음만큼 자랐다면 세상에 에디슨이 어디 있고 슈바이처가 어디 있으랴. 유관순, 이태석, 젊은 정복자 알렉산드로스, 몽골 제국을 세운 칭기즈칸, 나라를 구한 소녀 잔 다르크, 알프스를 넘은 나폴레옹, 노예를 해방한 링컨, 삼민주의 정신의 뼈대를 세운 쑨원, 영국의 정치가 처칠, 인권 운동가 넬슨 만델라, 조용필, 임영웅, 박창근은 또 어디에서 찾을까…. 이제부터라도 무지개를 좇는 소년을 가진 부모들은 생각을 바꾸자.

'제발 내 자식이 내 마음대로 되지 않기를….'

『동방견문록』을 쓴 마르코 폴로, 죽음을 무릅쓰고 아메리카에 닿은 콜럼버스, 혁신의 아이콘 스티브 잡스, 영원한 챔피언 무하마드 알리, 러시아 최고의 작가 톨스토이, 태양의 화가 빈센트 반 고흐, 비폭력의 아이콘 마하트마 간디, 가난한 자의 어머니 테레사 수녀, 양발의 달인 손흥민…. 이루 셀 수조차 없는 수많은 소년 소녀가 눈물로 자식을 보낸 어머니로 비롯되어 백성을 구하고, 세상을 구하고, 나라를 구하고, 문명을 앞당긴 소위 부모 맘대로 안 된 전형적인 '큰' 사람들이다.

172

상상 그 이상의
미래는 없다

매일 좋을 순 없지만 매일 상상할 수는 있다. 상상하지 않는 것은 결코 현실이 되지 않는다. 그해 겨울, 유난히도 눈이 많았다. 경기 북부 일원과 강원도 곳곳에서 비닐하우스가 무너지고 마을이 고립되는가 하면 도시의 가로수들도 눈의 무게에 가지가 휘다 못해 부러져 나가고 차들은 온통 거리를 기어다니고 있었다. 하염없이 내리는 눈….

강연 중이었다. 점심 식사 후 지리하게 내리는 눈의 무게만큼이나 좌중의 눈꺼풀도 천근만근이었다. 날씨 탓인가? 예비되지 않은 질문이 던져졌다.

　"참새 잡아보셨습니까?"

모두 '느닷없이 웬 참새일까?' 하는 의아한 표정들이었다.

"지금처럼 눈이 많이 내렸을 때 참새 잡는 비법이 있습니다. 옛날 기억으로 한 번 눈이 내리면 몇 날 며칠을 계속해서 내립니다. 처음에는 눈을 좀 쓸기도 하지만 자고 나면 쌓이는 눈을 그때그때 치우기란 쉬운 일이 아니었습니다. '참새잡이'는 눈이 막 그쳤을 때 그때가 바로 적기입니다. 눈이 쌓여 들판엔 먹을 것이 없는지라 참새들은 집 주위를 맴돌게 됩니다. 바로 그때! 대빗자루로 마당을 쓸어야 합니다. 황토색 속살이 하얀 눈 속에서 유난히도 뽀얗게 도드라지게 쓸어야 하는 것이 첫 번째 포인트입니다. 그리고 흰 쌀을 조금 섞은 굵은 소금을 뿌립니다. 이때 중요한 것은 마당 한쪽에 세숫대야에 너무 차지 않는 물을 준비해두는 것입니다. 잠시 후 한동안 굶주린 참새떼들이 빼곡하게 마당에 모여듭니다. 황토 바닥에 하얗게 빛나는 쌀을 소금과 구분할 틈도 없이 쪼아대던 참새들이 갈증을 느끼고 바로 세숫대야에 준비한 물을 허겁지겁 먹게 되지요. 이때 망태기 하나를 준비하고 한동안 날지 못해 뻐근해진 날개에 잔뜩 물을 마셔 뒤뚱뒤뚱 푸드덕거리는 참새를 한 마리씩 주워 담으면 됩니다. 순식간에 수십 마리를 포획할 수 있는 신공의 수렵 비법입니다."

잠시 후, 좌중은 매우 공감하는 듯하면서도 의혹에 싸인 표정들을 감추지 못하고 고개를 갸우뚱했다. 그러나 몇몇은 매우 기발한 아이디어

174

를 발견한 것처럼 신기해하면서 한 점 의혹이 없는 웃음으로 나의 비법을 지지해주었다. 그 시점에 나는 마지막 한마디를 잊지 않았다.

> "그 참새들은 이미 소금에 속속들이 간이 다 되어 있는지라 따로 소금을 뿌리지 않아도 됩니다."

한참 지나 한두 명으로부터 질문을 받았다.

> "진짜입니까?"
>
> "…."

너무나 진지했던 나의 태도와 좌중이 보내준 기정사실의 신뢰로 미루어볼 때 진실 규명으로 초래될 혼란은 이미 누가 감당할 수준을 넘어섰다. 이럴 땐 침묵만 한 것이 없다.

상상한 뒤에야 진짜로 무언가를 이룰 수 있다

분명 허구다. 하지만 나에게는 허구일 수만은 없는 것이, 어린 시절부터 내 머릿속에 자리잡았던 이 '참새잡기' 방법은 언제 어디서 어떻게 태동했는지 기억나지 않는다. 어디에서 구전되어온 것인지, 잠결인지, 꿈결인지도 모른다. 그래서 허구일 수도 있지만 내 머릿속에 맴도는 것을 보니 나만이 아는 전설 같은 것인지도 모르겠다. 아마도 꿈 같은 상상이지 않을까 싶다. 내가 이 이야기를 하는 것은 상상하지 않는 미래는 오지 않는 점을 강조하기 위함이다. 지금은 상상이지만 실험을 통해 증명하면 이 방법은 진짜가 된다. 문명은 이와 같은 상상이 진실이 된 결과다. 단언컨대 상상 그 이상의 미래는 없다.

내가 아는 가장 위대한 상상가는 에디슨이다. 그가 발명한 것들은 항상 상상이 먼저였고 발명은 다음이었다.

'잠을 자면 꿈을 꾸고 공부하면 꿈이 이루어진다.'

하버드대학에서 실체 없이 떠돌아다니는 말이란다. 그러나 이는 미완의 말이다. '잠을 자면 꿈을 꾸고 공부하면 꿈이 이루어진다. 그러나 상상하지 않으면 꿈도 없다. 당연히 펼쳐질 미래도 없다.'

오늘날 우리가 밝은 전깃불 아래에서 넷플릭스를 즐길 수 있는 것은 오래전 에디슨의 상상 덕분이다.

마음껏 상상하자.
상상 그 이상의 미래는 없다.

무게를 반기고
압박을 누리자

●
●

'묵직함은 진정 끔찍한 것이고 가벼움은 아름다운 것인가? 짐이 무거
우면 무거울수록 우리 삶이 지상에 가까우면 가까울수록 우리 삶은 더
욱 생생하고 진실해진다.'

밀란 쿤데라의 『참을 수 없는 존재의 가벼움』의 한 대목이다. 밀란 쿤
데라에 대한 한국인의 사랑은 특별하다. 대표작 『참을 수 없는 존재의 가
벼움』은 국내 총판매량이 100만 부에 달한다. 밀란 쿤데라에 대한 격찬
은 그의 소설이 프랑스어로 소개된 직후 서양 지식인들로부터 시작됐다.

쿤데라의 첫 번째 소설인 『농담』 불어판 서문에서 시인 루이 아라공
은 밀란 쿤데라를 일컬어 "금세기 최고의 소설가 중 한 사람, 소설이 빵과
마찬가지로 인간에게 없어서는 안 되는 것임을 증명해주는 작가"라고 격
찬하며 "우리 시대 어떤 작가도 필적할 수 없는 기교를 갖췄다"라고 했다.

또한, 살만 루슈디는 밀란 쿤데라를 "명백히 세계적으로 가장 훌륭한 예술가"라 칭하기도 했다.

가벼워지면 행복해질까?

우리는 가벼워지기를 원한다. 될 수 있으면 짐을 벗어버리고 자유로운 두 손을 언제라도 펼 수 있기를 바란다. 인간 대부분은 자유를 갈망한다. 다만 익숙한 생활이 이어지다 보면 우리는 지루함을 느끼게 된다. '삶의 권태'라고나 할까.

우리가 자유를 갈망하는 것만큼 세상은 시시각각 변한다. 그래서 우리는 변화에 민감해야 하는데 익숙해진 환경이 변화한다는 것은 그 자체로 무게감으로 다가온다. 그래서 우리는 자유를 원하는 만큼이나 환경이 변화하는 것을 가장 먼저 본능적으로 거부한다. 흔히 '인간의 모순'을 느끼는 것이다.

밀란 쿤데라는 또 말한다.

'반면에 짐이 완전히 없다면 인간의 존재는 공기보다 가벼워지고 날아가버려 지상적 존재로부터 멀어진 인간은 기껏해야 반쯤만 생생하고 그의 움직임은 자유롭다 못해 무의미해지고 만다.'

인간은 가벼우면 무게감을 느끼고 싶고, 무거우면 가벼워지기를 바란

178

다. 그렇다면 우리는 무엇을 택해야 할까? 삶이 나만을 위해 무거우면 가볍게 덜어주고, 가벼우면 무겁게 더해준다면 좋겠지만 꼭 그렇게 되지는 않으니깐 선택을 하긴 해야 한다. 묵직함 아니면 가벼움 중에서 말이다.

어떤 종류의 무게를 싣고 묵직함을 느끼고 싶은가? 사람은 가벼운 상태가 이어지다 보면 스스로 무게를 찾기도 한다. 왜냐하면, 가벼운 상태로는 존재의 본질을 찾기 어렵기 때문이다. 그래서 존재를 자각하기 위해 자신의 삶에 무게를 다는 것이다. 그런 식으로 무언가에 열중할 때 삶에 마디가 생긴다. 그러므로 우리 모두 일을 벌이고, 사고를 치면서 삶의 가벼움에 무게를 달았으면 좋겠다. 물론 무게를 달면 삶이 고단해진다. 하지만 그것을 극복하면 자랑스러운 삶의 마디가 생긴다.

영국에 가면 프리미어리그를 꼭 관람하고 싶다. 선택할 수 있다면 토트넘과 울버햄튼 경기다. 물론 손흥민과 황희찬을 함께 보기 위함이다.

2022년 4월 10일 영국 버밍엄의 빌라파크에서 원정경기로 치러진 애스턴 빌라와의 2021-2022 EPL 32라운드에서 토트넘의 손흥민은 해트트릭을 기록했다. 리그 15, 16, 17호 골이 한 경기에서 터진 것이다.

손흥민이 볼을 잡으면 두세 명이 에워싼다. 손흥민은 돌아 뛰고, 사이 뛰고, 대놓고 뛰면서 상대 선수들을 완전히 허수아비로 만들었다. 상대 선수들이 그를 에워싸면 에워쌀수록 손흥민은 더욱 반짝였다. 손흥민에 의해 허수아비가 된 선수들도 다 수십억씩 연봉을 받는 선수들이다. 손흥민의 연봉은 160억 원 정도다. 따지고 보면 이 값이 다 무게를 반기고 압박을 누린 대가다.

사람은 왜
높아지려고 하지?

우리는 모두 높아지기를 원한다. 평사원은 대리로 진급하고 싶고, 대리는 과장, 과장은 차장, 차장은 부장, 부장은 이사, 이사는 상무, 상무는 전무, 전무는 부사장, 부사장은 사장으로 올라가고 싶어한다.

"사람은 왜 높아지려고 할까?"

질문의 대답은 간단하다. 아니, 간단하지 않다. 이 질문에 대해 답하기 위해선 매우 신중해야 한다. 인간의 본질도 꿰뚫어야 하고, 인간의 욕구도 관찰해야 한다. 나는 모두가 높아지려고 하는 이유를 찾았다. 모두가 높아지려고 하는 이유는 딱 한 가지다.

'대답을 줄이고 질문 위주의 삶을 살기 위해서다.'

때론 높아지고 싶은 사람들이 있고, 높아지고 싶지 않은 사람들도 있으니 이 대답이 누군가에게 맞는 것일 수도 있고, 맞지 않을 것일 수도 있다. 이 시점에 나는 질문을 던지고 싶다.

"질문과 대답 중 선택한다면?"

대답을 잘하기 위해선 상당 시간 공을 들여야 한다. 대답을 못하면 망신을 당할 수 있고, 잘못 대답하면 치명적인 상황에 봉착할 수 있다. 대부분의 사람은 질문을 받으면 그에 대한 정확한 답이 어디에 숨어 있는지 몰라 허둥댄다. 그러니 누가 대답하기를 좋아할 수 있을까?

선택하라면 대부분 '질문'을 선택할 것이다. 그래서 사람은 누구나 위로 올라가려고 하는 것이다. 위로 올라가면 올라갈수록 대답은 줄어들고 질문이 늘어나기 때문이다. 물론 월급이 오르고 처우가 좋아지는 것은 덤이다.

하지만 여기서 간과해선 안 될 것이 하나 있다. 실상 중요한 것은 대답이 아니라 질문이라는 점이다. 위로 올라갈수록 좋은 대답은 필요 없다. 오직 좋은 질문을 해야 한다. 그리고 그것으로 아랫사람들에게 깊은 깨달음을 줘야 한다. 그러므로 좋은 질문은 쉽게 할 수 있는 것이 아니다. 그야말로 다양한 경험, 깊은 통찰력과 식견을 가지고 있어야 훌륭한 질문이 가능하다.

훌륭한 질문은 일의 방향성을 제시하고 혹시라도 놓칠 수 있는 것들을 짚어주며 지금까지 한 일의 결과를 올바로 평가해준다. 그러므로 훌륭한 질문을 할 자신이 없는 사람들은 높이 올라가는 것을 스스로 자제해야 한다. 자신이 내던진 질문으로 인해 누군가에게 부담을 지울 수 있고, 또는 사회적 문제가 야기될 수도 있기 때문이다.

높이 올라가면 갈수록 밑에서 보는 것과는 다르게 무게를 느끼게 된다. 외롭고 고독한 결정을 위해, 또 좋은 질문을 개발하기 위해 늘 무거운 짐을 지고 있어야 하기 때문이다. 모두가 높이 올라가려고만 했지 이 사실은 간과하고 있다.

무엇을 바라는가? 무엇을 바라든 마찬가지다. 달라지지 않는 건 무게고, 그것은 단순한 짐이 아니라는 거다. 무게는 방향이고 지위다. 그리고 숭고한 것이다. 자격 있는 자만이 넘볼 수 있는 아주 고귀한 것이다. 그리고 감당할 수 없다면 절대로 넘보아선 안 되는 아주 위험한 것이다. 돌이켜보면 세상이 위태로워졌던 건 미안하지만 다 이것 때문이었다. 더 심각한 사실은 앞으로도 계속 그렇다는 것이다.

MOMENT

5

울컥 올라오다

나도 한때는
말이야

우리는 흔히 지난 시절을 되새기며 자신을 부풀리곤 한다. "나도 한때는 말이야, 왕년의 나는…"이라고 운을 떼며 말을 한다. 이것은 젊은 사람도 마찬가지다. 심지어 초등학생이 유치원생에게 "나도 한때는 말이야"라고 말한다고 하지 않던가. 주변 사람들이 "또 시작이야"라고 할 정도로 과한 이도 있다. 어차피 검증될 일은 없으니 말이다. 왕년의 일들은 마치 공중에 떠돌아다니는 공기처럼 가볍게 유통된다.

그러나 한창 왕년을 논하는 벗에게 "정말 대단하다! 지금 다시 해보는 것은 어때?"라고 말한다면 그는 그 제안을 받아들일까? 먼저 도리도리부터 할 것이다. 왕년은 지금이 아니고, 과거의 일이기 때문이다. 현역을 떠난 전 운동선수에게 옛날의 그 실력을 보여달라고 한다면 그는 받아들일까? 가능하긴 할까?

최근 『국대는 국대다』라는 프로그램에서 이것에 도전했다. 그리고 현정화가 기적의 드라마를 그려냈다. 지난 2월 12일 방송에서 27년 만에 선수로 복귀한 현정화가 전성기 시절을 방불케 하는 놀라운 집중력과 승부사 기질을 발휘했다. 개인 최고 세계 랭킹 8위 기록을 보유한 현역 국가대표 서효원을 상대로 2대 0의 스코어로 승리한 것이다.

특히 현정화와 서효원은 한국마사회 여자 탁구팀의 감독과 선수 관계다. 이후 현정화는 자신의 이름으로 탁구 유망주들에게 장학금을 전달하며 두 달간의 장기 프로젝트를 아름답게 마무리를 지었다. 두 달간의 장기 프로젝트를 진행하면서 많이 힘들지 않았냐는 질문에 현정화는 "현정화의 진정성, 그거 하나만 보여드리고자 했다"라고 밝혔다.

우리가 이 이야기에서 깨달아야 할 순간의 생각은 진정성, 바로 그것이다. 54세의 전 국가대표가 36세의 현 국가대표를 이겨버린 것이다. 현정화는 이에 대해 "이번 경기는 서효원 선수가 못했다기보다 그날 제가 기대 이상으로 잘해서 승리한 것 같다"고 말했다.

변함없이 유지되길 바란다면 변해야

"예전에 우리는 사자였고 표범이었어! 이제는 우리 자리를 하이에나나 양들이 덤빈다니까?"

살리나 공작은 매우 흥분하고 있었다. 이때 조카 탄크레디가 차분하게 말한다.

"모든 것이 변함없이 유지되길 바란다면 변해야 할 겁니다."

1963년 칸영화제 황금종려상을 받으면서 루치노 비스콘티를 세계적인 감독의 대열에 올라서게 만든 영화 「레오파드」의 한 장면이다. 이 영화는 주세페 토마시 디 람페두사의 동명소설을 영화화한 것이다.

국가 통일운동이 벌어지던 19세기 이탈리아 시칠리아를 배경으로 쇠락해가는 귀족들을 바라보는 살리나 공작의 한탄에 대하여 미리 변화의 대열에 합류하고 있었던 조카 탄크레디의 일침이다. 살리나 공작은 옛날 자신이 사자였음을 상기시키지만 그 순간 가장 초라해진다. 어쩌면 소주 한잔을 앞에 두고 "내가 왕년에 말이야…"라고 수다를 떠는 소시민은 그냥저냥 봐줄 수 있다. 어차피 그들이나 우리들이나 도긴개긴이니깐. 기분이 좋으면 살짝 장단을 맞춰줄 수도 있다.

하지만 높은 자리에 있었던 사람이 그 영광을 잊지 못하고 자신의 잘나가던 시절을 뽐내는 것은, 살짝 없어 보인다. 나이 들고 은퇴하면 왕년은 하나도 중요하지 않다. 공부 잘해서 명문대학 나왔다고? 고시 합격해서 높은 자리에 올랐다고? 유학 가서 박사 학위 받았다고? 그것은 그저 소싯적 이야기일 뿐이다. 1990년대 시골 마을회관에 꽂힌 새마을 깃발만큼이나 부질없는 일이다.

한때 「유 퀴즈 온 더 블럭」은 서민들과 만나 일상의 행복을 논했다. 물론 코로나 팬데믹으로 인해 대단한 사람들을 모시는 프로그램이 되었지만, 그때 그 시절이 더 좋았다고 말하는 '자기님'들이 더 많을 수 있다.

　휠체어 타고 법원을 왔다 갔다 하는 대단한 사람들을 보는 것보다 자전거 타고 마누라 심부름 다녀온 자랑이 훨씬 더 멋져 보이는 것은 내가 소시민이라서 그럴까? 아니면 당신들이 소시민이라서 그럴까?

마릴린 먼로와
울지 마 톤즈

1962년 8월 미국에서 한 여인이 죽었다. 그녀는 무수히 많은 것을 남겼다. 당시 시가 40억 원의 저택, 화려한 영상들, 5대양 6대주의 수백만 팬들의 열광, 수많은 염문, 수천 벌의 화려한 의상, 영원히 잊지 못할 것 같은 아름다운 자태, 이렇게 많은 것을 가진 그녀는 왜 삶이 아닌 죽음을 택했을까? 혹자는 말한다. 그녀는 모든 것을 가졌지만 유일하게 갖지 못했던 것은 '행복'이었다고.

「버스 정류장」, 「뜨거운 것이 좋아」, 「어울리지 않는 사람들」, 「왕자와 쇼걸」, 「돌아오지 않는 강」 등 30여 편의 영화에 출연했던 그녀의 이름은 '마릴린 먼로'다.

우리 인생을 몇 가지의 형태로 구분할 수 있을까? 어찌 감히 인생을 간단히 구분할 수 있을까마는 보이는 각도에 따라 악질인생惡質人生, 저질인생低質人生, 범질인생凡質人生, 양질인생良質人生, 특질인생特質人生으로 나눠

보고자 한다.

마릴린 먼로의 인생은 이중 어디에 속할까? 쉽지 않다. 언뜻 통속적 판단을 하자면 '행복이 결핍된 특질인생…' 정도 아닐까? 이 또한 유명한 여배우에 대한 선입관 탓에 후한 평가일 수도 있겠다.

나는 어떤 인생을 살고 있을까?

악질인생은 남에게 피해를 주는 인생이다. 남을 속이고, 핍박하고, 빼앗고, 궁지에 몰아넣고, 상해를 입히고, 상처를 준다면 이런 인생은 악질이라고 할 수 있다. 이런 사람들은 뉴스에서 자주 목격할 수 있다.

그렇다면 저질인생은 어떤 것일까? 부끄럽게 사는 것이다. 본능의 탐욕과 욕심에 눈이 가려져 옳고 그름을 판단하지 못하는 인생은 저질이라고 할 수 있다.

범질인생은 잠재력을 안고 사는 인생이다. 사람은 누구나 한 분야의 잠재력을 안고 있다. 「생활의 달인」에 나오는 달인들은 모두 평범하기 그지없는 사람들이지만 무언가 특별한 능력을 가지고 있다. 그들은 그것을 부단히 연마해 소문이 날 정도로 갈고닦았다. 당신들도 나도, 그런 잠재력을 안고 있다. 그것을 찾아 그 안에서 자신만의 무언가를 만든다면 우리의 인생은 좀더 나아질 것이다.

이때 한 가지를 조심해야 한다. 자신의 잠재력을 높이려면 상대방의 잠재력도 높이 사야 되고 잘 관찰해야 한다. 자신은 하지도 못하면서 남이 하는 것을 깎아내리거나 쉽게 말하는 것을 삼가야 한다.

　양질인생은 인생의 그릇을 키울 수 있는 인생이다. 그릇이 크면 많은 것을 담을 수 있다. 나 자신의 인생도 담을 수 있고, 다른 사람의 인생도 담을 수 있다. 당신들이나 나나 사촌이 땅을 사면 배가 아픈 이상한 심보를 가지고 있다. 나는 땅을 사지는 못했지만 사촌이 땅을 사면 당연히 그 행동을 높이 사고 칭찬해주는 것이야말로 그릇이 큰 사람의 행동이라고 할 수 있다. 나의 삶에도 박수를 보내고, 다른 사람의 삶에도 박수를 보내며 사는 것이 양질인생인 것이다.

　마지막으로 특질인생은? 사는 동안은 잘 보이지 않을 수도 있다. 그러나 돌아보면 빛나는 인생이다. 한마디로 말하면 자신의 모든 것을 아낌없이 바쳐 남을 위해 헌신했던 인생이다.

나누는 것을 사랑한 남자

2010년 1월 한국에서 한 남자가 죽었다. 그는 한푼의 유산도 남기지 못했다. 그가 가진 유일한 것은 '몸소 실천한 나눔의 사랑'이었다. 그는 자신이 가진 것을 나누는 삶을 한없이 행복하게 여겼다. 그는 1987년 인제대학교 의과대학을 졸업한 뒤 살레시오수도회에 입회, 광주가톨릭대학교 신학대학을 졸업하고 성직자의 길을 걷기 시작했다. 그리고 아프리카 수단에 있는 톤즈 마을의 유일한 의사로 평생을 봉사했다. 그의 이름은 이태석이다.

내전으로 의료 혜택을 받지 못하는 수단 사람들을 위해 소수 병원을 짓고, 한센병과 결핵 환자들을 보살피며 지속적인 예방접종 사업을 벌였다. 발가락이 뭉그러진 한센병 환자들을 위해 그들 발에 맞춘 특수 신발을 선물하고, 일주일에 한 번씩 오지 마을을 돌아다니며 이동 진료를 했다. 그가 이룬 행적들은 이루 말할 수 없을 만큼 크다. 수단에서 그가 부린 사치는 오로지 전등과 냉장고였다. 냉장고도 백신 등의 약품을 보관하기 위해서였다.

하지만 그는 안타깝게도 2008년 대장암 4기 진단을 받고 투병생활을 하다 2010년 1월 14일 사망했다. 우리에겐 너무 안타까운 죽음이었고, 수단 사람들에겐 하늘이 무너져 내리는 재앙 같은 죽음이었다.

여러 인생을 살펴보면 결국 나만을 위해 삶을 산다는 것은 아무것도 남기지 못한다는 것을 깨닫게 된다. 조금이라도 남을 위해서 살면 작은 자국을 남길 수 있다. 아무리 좋은 것이라도 나를 위해 두르면 기껏해야 사치지만 아무리 사소한 것이라도 남을 위해 베풀면 따뜻한 온기가 된다. 나를 위한 진수성찬은 기껏해야 살이 되겠지만 남에게 베푼 작은 밥상은 기운이 되고 생명이 된다.

머리가 알아듣고 고개가 끄덕였다. 하지만 날이 새면 또 나를 위해 돈을 벌 궁리를 할 것이다. 머리가 알아들은 따뜻한 이야기가 마음에 바위처럼 새겨졌으면 좋겠다. 지나가는 비처럼 잠깐 분주하고 까마득히 잊어버리는, 우리 삶은 늘 이런 식이었지만 오늘은 손가락 딱 한 마디만큼만 달라졌으면 좋겠다.

이형기와
예이츠의 만남

만남은 굳이 동시대가 아니어도 된다. 같은 공간에 있지 않아도, 공자와 소크라테스가 밤이 새도록 토론할 수 있고, 차범근과 손흥민이 공을 함께 찰 수도 있고, 박창근과 김광석이 듀엣으로 노래를 부를 수 있고, 노무현이 문재인에게 수고했다며 악수를 청할 수도 있다. 누군가가 훌륭한 매개체가 될 수 있다면 말이다.

> 가야 할 때가 언제인가를
> 분명히 알고 가는 이의
> 뒷모습은 얼마나 아름다운가
> –이형기 '낙화' 중에서

많은 사람이 여러 상황에서 자주 인용하는 시의 한 구절이다. 주로 유명한 사람들이 머물던 자리를 떠날 때 인용한다. 내가 이 시 한 구절을 인용한 것은 오늘, 이 순간 누구나 직면할 수 있는 평범한 상황을 말하기 위해서다. 그렇다고 누구나 겪을 수 있는 평범한 상황은 아니다. 그에게 는 매우 특별한 날일 것이다. 2022년 1월 육군 27보병사단 전차중대 민경 택 준위는 36년 군 생활을 마치며 이 시를 인용하며 이렇게 말했다.

"군복과 정비복을 벗고 기름 냄새와 흙냄새 가득한 정비고를 떠나야 하는 순간이 점점 가까워지고 있다. 인생은 돌고 돈다고 했던가. 무적 無敵에서 무적無籍으로 돌아간다."

무적無敵에서 무적無籍으로 돌아간다는 말이 뜨겁게 느껴진다. 긴 세 월 청춘을 바친 군을 떠나면서 마치 '소 팔고 돌아오는 길'에서 느꼈을 형 언할 수 없는 허전함을 느끼며 어딘가에 소속되지 않는 자유인으로 돌 아가는 심정은 과연 어떠할까? 정년을 맞이해 꽃다발을 받은 은퇴자의 심정도 이와 같을 것이다. 우리는 모두 꽃다발을 받지는 못하지만, 한곳 에 머물렀던 시간을 뒤로하고 그 자리를 떠날 때는 누구에게나 생길 수 있는 감정일 것이다.

헤어집시다. 정열의 시간이 우리를 잊기 전에
수그린 당신 이마에 입맞춤과 눈물을 남기고…
— 예이츠 '낙엽' 중에서

196

예이츠의 시 '낙엽'의 한 구절이다. 어쩌면 동서양이 이리도 닮았을까? 이쯤에서 '낙화'의 마지막 구절이 자연스레 등장한다.

> 나의 사랑, 나의 결별
> 샘터에 물 고인 듯 성숙하는
> 내 영혼의 슬픈 눈

오늘 수십 년 뼈를 묻은 일터를 떠나는 수많은 민경택에게 소박한 시 한 수로 위로를 보낸다. 동서고금을 통틀어서 말이다.

> '우리를 사랑하는 긴 나뭇잎 위로 가을이 당도했다. 그리고 보릿단 속 생쥐에게도 머리 위 마가목은 누르슴히 물들고 이슬 젖은 산딸기 잎도 노랗게… 분분한 낙화… 결별이 이룩하는 축복에 싸여 지금은 가야 할 때….'

이형기와 예이츠는 이렇게 만났다.

가장 아름다운
약속

약속에는 3가지 종류가 있다. 하나는 내가 남에게 한 약속, 둘은 남이 나에게 한 약속, 셋은 내가 나에게 한 약속이다. 이중 어떤 약속이 가장 아름다울까?

2006년 실화를 바탕으로 만든 영화 「에이트 빌로우eight below」가 개봉 됐다. 미국의 지질학자 데이비스는 운석을 찾기 위해 남극 탐사대원 제리 와 썰매견 8마리를 이끌고 남극 탐사에 나섰다.

하지만 남극에 거센 폭풍이 일자 그들은 썰매견 8마리를 남겨두고 헬기를 타고 급하게 기지를 벗어났다. 금방 다시 올 거라며 목줄을 더 튼 튼하게 묶어두고 헬기는 멀리멀리 사라졌다. 반드시 다시 데리러 오겠다 는 약속을 남긴 채 그들은 그렇게 떠나갔다. 그렇게 남겨진 용맹한 시베 리안 허스키와 알래스칸 맬러뮤트…

남극에 있는 동안 썰매견 덕분에 목숨을 구한 데이비스는 남극에 남은 개들의 존재를 잊었지만, 평소 개들과 함께 일하고 먹이를 챙겨주고 장난치며 아꼈던 제리는 심한 죄책감에 시달린다. 다시 돌아온다고 약속했는데….

그렇게 175일이 지났다. 제리는 다른 대원들의 만류에도 불구하고 썰매견들을 구조하러 다시 남극으로 떠났다. 실낱같은 희망을 품었지만 가장 먼저 눈에 들어온 것은 목줄에 묶인 채 죽어 있는 올드 잭이었다. 그리고 7마리 썰매견은 목줄이 풀려 있었다.

혹시나 기대가 생겼다. 사방을 둘러보던 중 멀리 언덕 위에서 한 마리가 나타났다. 또 한 마리… 하나둘 모습을 드러낼 때는 그야말로 감동 그 자체였다. 총 5마리다. 전속력으로 달려 서로 얼싸안고 뒹굴었다. 5마리와 함께 떠나려는데 맥스가 머뭇거리다 내달렸다. 맥스를 따라가보니 그곳에 마야가 눈을 감고 누워 있었다. 하지만 그것도 잠시 마야가 눈을 떴다.

총 6마리 생존이다. 나머지 한 마리는 추락해 죽었다. 대원들을 떠나보낸 썰매견들은 온 힘을 다해 목줄을 끊어내고, 먼저 탈출한 개가 다른 개를 도와 생존한 것이다. 그야말로 사람보다 훨씬 낫다.

이 얼마나 멋진 세상인가?

8마리의 썰매견들은 대원들이 다시 돌아올 것이라는 믿음을 절대 버리지 않았다. 그래서 살아남기 위해 힘을 합쳐 새 사냥도 하고, 바다표범과 싸워 죽은 고래 고기로 배를 채우며 대원들을 기다렸던 것이다.

소중하지 않은 약속이 어디 있을까마는 내가 나에게 한 약속이 가장 소중하고 아름답다고 생각한다. 사람이 동물에게 한 약속은 곧, 내가 나에게 한 약속이라고 할 수 있다. 동물과의 약속을 지키지 않았다고 해서 동물이 나를 비난할 리도 없고, 나만 입을 다문다면 세상 사람들이 날 비난하지도 못한다.

다만 「에이트 빌로우」를 보면서 아직도 해소되지 못한 의문이 있다. 제리를 비롯한 남극대원들은 왜 떠나면서 개들을 한데 묶어놓았을까? 그것도 쇠사슬로 말이다. 정말 바로 돌아올 것이라고 생각했던 걸까? 아니면 썰매견들을 자기네들 소유라고 생각해 도망가지 못하게 하기 위해서였을까?

그 이유에 대해선 아직 풀지 못했지만 나는 이 관점에서 인간의 무자비함과 이기심을 엿보았다. 만약 그들이 다시 돌아가지 못하면 너무도 당연하게 썰매견들은 쇠사슬에 묶여 오도가도 못하고 배고픔에 굶주려 죽을 것이 뻔할 텐데 말이다.

하지만 나는 인간을 아름답게 보고 싶다. 아마도 그들은 악천후가 금방 끝날 것이라고 생각했고, 날씨가 회복되면 바로 돌아가 썰매견들을 구조할 수 있다고 생각했을 것이다.

인간을 인간답게 하는 것은 죄책감일 수도 있다. 썰매견들을 다시 만날 수 있는 촉매제는 제리의 죄책감이었으니 말이다. 그리고 제리보다 더 대견한 것은 썰매견들이다. 사람보다 낫다고 마구 칭찬해주고 싶다.

실제 있었던 이야기가 영화가 되고, 많은 사람들에게 감동과 교훈을 주는 것을 보면 세상은 아직 아름답다. 〈What a Wonderful World〉를 흥얼거리고 싶은 마음마저 든다.

티슈 한 장의 재만큼도
남기지 못한 인생

30년이다. 매주 목요일 안양에서 버스를 타고 고속
버스터미널까지 가서 시외버스로 갈아타고 판교 근처 세곡동에 내린다.
한참 밭길 산길을 돌아 굽이굽이 걸어가면 종교단체에서 운영하는 장애
인이나 노인을 위한 요양 시설이 나온다. 비닐하우스 비슷한 가건물이고
그야말로 척박한 생활터다. 얼추 50여 명은 되는 듯했다. 여러 차례 옮긴
끝에 10여 년 전부터는 화성에 있는 요양병원에 정착했다.

나에게는 처형이고 아내에겐 친언니다. 태생적 장애인이다. 이렇게
30년간 아내는 매주 목요일마다 찾아가서 필요한 물품 등을 주고 수발을
들었다.

그리고 얼마 전 처형이 돌아가셨다. 63세, 한 많은 인생이었다. 아내
는 울고 또 울었다. 요양시설에서 처형의 짐이라며 쇼핑백 하나를 보내줬
다. 그야말로 별것이 없는 생활용품들이다.

아내는 "티슈 한 장의 재만큼도 남기지 못한 인생"이라며 또 울었다. 이런 상황에서 할 말은 아니겠으나 슬픔 속에 무심히 터져나온 비유가 끝내준다. 티슈 한 장을 태우면 과연 남는 재가 있기는 할까? 이 심각한 순간에 왜 이런 부질없는 의문이 생겼는지 모르겠다. 나는 위로한답시고 "행복은 모르는 일이야. 그렇게 살았다고 다 불행한 건 아니야…"라고 말했다. 생각해보니 침묵보다도 못한 말이었다.

류계영의 〈인생〉이라는 노래가 생각난다. 30년 전 이렇게 될 줄 알았다면 무언가를 다시 시작할 수 있었을까?

'다시 가라 하면 나는 못가네 마디마디 서러워서 나는 못가네

지는 해에 실려 보낸 내 사랑아 바람처럼 사라져간 내 인생아…'

다시 가라 하면 다시는 못 가도 어느새 짊어지고 와버린 길, 아름다운 길이다. 지금도 얼마나 많은 이들이 다시 가라면 못 갈 그 길을 걷고 있을까? 언제 끝날지도 모를 그 길을…

'당신의 그 섬김이 천국에서 해같이 빛나리….'

MOMENT

6

잠시 숨을 고르다

차마 죽지 못하고, 차마 용서하는
그을린 진실 하나!

전부 타버려 재가 되지도 않고, 활활 타올라 다른 곳에 불을 옮기지도 않고, 다만 그을린 채로 남아 복수와 용서를 동시에 말하는 여자가 있다. 실존 인물은 아니고 영화 속 이야기다. 바로 「그을린 사랑」이다. 와이디 무아와드의 희곡 「화염」을 영화화했다.

캐나다에서 공증인의 비서로 일하고 있던 레바논 출신 이민자인 나왈이 죽었다. 그녀는 자식 쌍둥이 남매 시몬과 잔느한테 유언장을 남겼다. 유언장 초반에는 이렇게 쓰여 있다.

관에 넣지 말고, 나체로,

기도문 없이 묻어주세요.

세상을 등질 수 있도록

시신은 엎어놔 주세요.

비석도 놓지 말고

이름도 새기지 마세요.

약속을 어긴 자는

비문이 필요 없습니다.

그리고 미션이 주어졌다. 죽을 줄 알았던 아버지와 존재조차 몰랐던 형에게 보내는 각 편지 1통을 전하라는 것이다. 그리고 이 미션이 완료되면 쌍둥이 남매에게 전달될 편지 1통도 남긴다. 그 전까지는 자신의 장례식을 치루지 말라고 한다.

진실과 맞닥뜨리려면 용기가 필요하다

시몽은 어찌할 바를 모르는데 잔느는 미션을 완수하기 위해 중동으로 떠나고 엄마의 과거를 추적하기 시작한다. 영화는 과거와 현재를 오고가면서 이야기를 풀어가는데 여기서 충격과 전율이 흐른다.

쉼 없이 이슬람과 기독교 민병대가 서로 민간인 학살을 하던 시절, 기독교 가정에서 자란 나왈 마르왈은 무슬림 난민 와합과 사랑에 빠져 임신까지 하게 된다. 집안의 강력한 반대에 부딪힌 두 사람은 함께 도피를 시도하지만 남자 형제들에게 들켜버린다. 남자 형제들에 의해 와합은 죽고, 나왈은 할머니의 도움으로 가까스로 목숨을 구하고 아이를 낳았지만 아이를 키울 수 없는 상황 탓에 발뒤꿈치에 점 3개를 찍은 후에 기독교 고아원에 보낸다.

시간은 흘렀지만 나왈은 고아원에 보낸 아들을 잊지 못했다. 그래서 다시 찾으러 나섰다가 사건에 휘말리고 기독교 민병대 지도자를 암살한 죄목으로 감옥에 투옥된다. 무려 15년 동안이다.

이때 악랄한 고문 기술자인 아부타렉에게 갖은 고초를 겪다 성폭력까지 당하면서 그의 아이까지 출산하게 된다. 버려질 위기였던 아이는 산파의 도움으로 바깥세상으로 나온다.

엄마의 과거를 추적하던 잔느는 엄마의 미션이 바로 이 아이일 것이라고 생각해 시몽과 함께 과거 아이를 살려준 산파를 찾아 어렵게 만났지만 산파에게 충격적인 소식을 듣는다. 그때 감옥을 탈출시킨 아이가 바로 쌍둥이 남매 잔느와 시몽이라는 것이다.

정리해보면 엄마 나왈과 사랑에 빠진 이슬람 청년은 사망했고, 점 3개 찍어둔 형은 행방불명이고, 잔느와 시몽의 생부는 고문 기술자 아브타렉이다. 그렇다면 잔느와 시몽은 자신의 생부와 이복형제를 찾아야 하는 것이다.

하나 더하기 하나는 하나?

시간은 엄마 나왈이 캐나다에서 생활하던 당시로 돌아온다. 나왈은 잔느와 함께 간 수영장에서 우연히 십수 년간 자신을 고문했던 아부타렉을 발견하는데 그의 발뒤꿈치에 또렷하게 새겨진 점 3개를 보았다. 쌍둥이 남매가 찾아야 할 사람은 두 명이 아니라 한 명이었던 것이다. 하나 더하기 하나는 하나가 되어버린 것이다. 미션을 완료한 뒤 나왈이 쌍둥이 남매에게 보낸 편지가 공개된다.

'너희 이야기의 시작은 약속이란다. 분노의 희망을 끊어내는 약속, 무슨 일이 있어도 널 영원히 사랑할 거야. 함께 있다는 것보다 더 아름다운 건 없단다.'

그리고 아부타렉에게 전해진 나왈의 편지도 공개된다.

'어떤 일이 있어도 널 사랑할 거야. 네가 태어났을 때 너에게 준 약속이란다. 평생 찾아다녔단다. 너를 내 사랑으로 감싸줄게. 너는 사랑으로 태어났어. 그러므로 네 동생들도 사랑으로 태어난 거란다. 함께 있다는 건 멋진 일이란다.'

하나와 하나가 만나 둘이 된다면 그것만큼 기쁜 일도 없겠지만 하나와 하나가 만나 다시 하나가 되는 것도 그것대로 가치가 있을 것이다.

「그을린 사랑」에서 나왈의 편지는 '그럼에도 함께 있다는 것은 소중한 것'이라는 것을 알리기 위해 사용됐다. 많은 사람들이 이 영화를 복수와 용서라는 대립되는 주제를 사용하지만 나왈이 끝까지 말하고자 하는 것은 '함께'였다.

자신이 살면서 가장 결핍됐던 '함께'가 자식들에게 대물림되는 것을 가장 두려워했던 나왈은 차마 죽지 못하고, 차마 침묵했던 기막힌 숙원을 죽어서라도 기어이 편지 한 장으로 뜻을 이루고 있다. 복수, 용서, 그리움, 분노, 희망, 약속 그리고 사랑, 이 모든 것들을 '함께'라는 용광로에 녹여버렸다. 더 이상의 묘수는 없어 보인다.

지금부터는 살아 있는 자의 몫이다.

찰나의 순간을
칼로 도려내는 사람들

킬러들이다. 언어의 킬러! 신속하게 포착하고 순간 적으로 도려내버리는… 이들은 찰나의 순간을 도려내기 위해 평소 언어의 칼을 갈고 있는 사람들이다. 이렇게 도려낸 언어들은 두고두고 회자되어 위안이 되며 메마른 세상을 촉촉하게 젖게 한다.

얼굴 좀 펴게나 올빼미여,

이건 봄비가 아닌가

-고바야시 잇사小林一茶의 하이쿠俳句

누가 이런 멋진 시를 지었나 했더니 일본인이다. 그것도 1763년에 태어난 에도시대 사람이다. 선입관을 걷어내니 시대와 국가를 초월한 서정의 공감대는 무한하고도 위대하다.

212

하이쿠는 하이카이 렌가連歌, 줄여서 하이카이에서 태어난 근대문예다. 두 사람이 주거니 받거니 부르는 렌가의 첫 구發句, 발구를 따로 떼어낸 것이다. 대체로 상구5·7·5의 17자와 하구7·7의 14자로 받으면서 읊는 긴 시가詩歌의 첫 구 5·7·5만을 떼어내 하나의 시가 양식으로 정착시켰다. 촌철살인의 감각이 필요하다.

잇사는 잇사조一茶調라 불리는 독자적인 시풍을 확립했는데 그는 마쓰오 바쇼松尾芭蕉, 요사 부손与謝蕪村과 나란히 에도시대를 대표하는 하이카이시俳諧師의 한 사람이 됐다. 하이카이시는 하이카이 렌가를 직업으로 삼는 사람이다. 전업작가인 셈으로, 하이진俳人이라고도 한다.

잇사의 하이쿠는 2009년 광화문 교보생명 외벽에 걸려 세상에 널리 알려졌다. 어려운 시대 시민들에게 큰 위안을 주었다.

멋진 봄 뜰에 내리는 봄비

멋진 계절이다. 1년 365일 귀하지 않은 날이 어디 있을까마는 그래도 봄은 멋지다. 이 멋진 봄 뜰에 내리는 봄비는 더할 나위 없이 멋지다. 2022년 봄, 베란다에는 맘 급한 철쭉이 이른 꽃을 피웠다. 어김없이 오는 봄이지만 올해 유독 기다려지는 것은… 뭔가 좋은 일이 있을 듯해서다.

봄이 오면 평범한 일상으로 돌아갈 수 있을까? 좋은 일이라는 것이 평범한 일상이라니…. 이 멋진 봄에 멋지게 도려낸 언어 한 토막으로 겨우내 움츠린 얼굴을 펴고 일상으로 나아가는 봄을 기다려보자. 이것으로 오늘의 희망을 얻었으니, 오늘 할 일은 다 끝났다. 그러면 내일을 준비할 수밖에.

오늘 다른 할 일이 없네

봄 속으로 걸어가는 것 말고는 더도 말고

— 요사 부손의 하이쿠

흔하디흔했던 조약돌
그리고 파리 해변

●
●

영국의 소설가이자 극작가인 윌리엄 서머셋 모음은 파리에서 어린 시절을 보냈다. 이 시절에는 '파리의 해변'이 없었다. 파리의 지각변동으로 몽마르트르 언덕이 뒤집혀 바다가 되었다는 뉴스도 없었던 터라 '파리의 해변'은 기적 같은 말이다.

파리는 바다에서 약 200km 떨어져 위치하고 있기 때문에 여름이 되면 파리 시민들은 바다를 찾아 북쪽의 노르망디나 서쪽의 브르타니, 남쪽의 지중해 쪽으로 휴가를 떠난다. 2001년 파리의 시장으로 당선된 좌파 출신의 베르트랑 들라노에는 우파의 반대에도 불구하고 2002년부터 특별한 프로젝트를 시작했다. 바로 '파리 플라주Paris Plage, 파리의 해변'다.

센 강변, 루브르에서 쉴리교 부근까지 약 3.5km에 이르는 이곳이 해변으로 변하고 사람들은 이곳으로 몰려든다. 해변 분위기를 연출하기 위해 3,000톤의 모래를 사용하여 700㎡에 이르는 공간에 모래사장을 설치

했고, 600㎡는 녹지 공간을, 퐁네프 다리 부근 500㎡ 공간에는 나무 널판으로 짜인 휴식 공간을 마련했다. 아이들이 이용할 수 있는 수영장과 암벽 등반을 위한 공간, 안개처럼 물을 뿜는 샤워 공간, 콘서트를 위한 무대, 책을 빌릴 수 있는 간이 도서관, 비치발리볼 경기장 등이 조성됐다.

참으로 기발한 사람들이다. 강가에 바닷모래를 퍼부으면 강변이 해변으로 변한다는 착상은, 그야말로 기적 같은 일인데 이 사람들은 이 기적을 이루고야 말았다.

어린 시절의 경험은 나만의 도서관

보통, 어린 시절의 경험이 어른으로 성장한 뒤 무언가를 표현할 수 있는 밑거름이 된다. 아무 생각 없이 또래들과 진달래 먹고 물고기 잡고 다람쥐 쫓고 뛰어놀던 그 시절은 죽을 때까지 남에게 빼앗길 수도 없고 잃어버릴 수도 없는 나만의 도서관인 셈이다.

> '이 세상에서 가장 귀중한 아름다움이란 그냥 지나가다 힘 안 들이고 주울 수 있는 해변가의 조약돌 같은 것이 아니야. 아름다움이란 이 혼돈의 세계에서 영혼의 고뇌를 겪으면서 만들어낸 거야.'
>
> ─서머셋 모옴 『달과 6펜스』 중에서

파리에서 자란 서머셋 모옴은 어디서 해변을 보았을까? 혹시라도 어릴 적 상상의 날개로 만든 자신만의 도서관에서 나온 표현이었을까? 시대가 변하고 세월이 흐르면 절대로 변하지 않을 것이라고 생각했던 것이 변하기도 한다. 결코 생길 리 없는 해변이 만들어진 것은 그것을 반증한다.

그런데 예전에 그 흔했던 조약돌은 다 어디로 갔을까? 흔하디흔했던 조약돌이 이제는 귀하디귀하다.

분명한 건 '파리의 해변'에는 조약돌이 없다는 사실이다. 그리고 귀중한 아름다움이란 '파리의 해변'에서 숱한 영혼의 고뇌를 겪을지라도 발견하기 어려운 조약돌 같은 것이다.

여자는 100대!
남자는 15대?

∶

　　2022년 1월 14일 인도네시아 수마트라 섬 아체주
는 동남아시아에서 가장 먼저 이슬람이 퍼진 지역으로 주민 500만 명 중
98%가 이슬람 신자다. 그리고 샤리아^{이슬람 관습법}를 적용하는 유일한 곳이
다. 그리고 2018년 부스타누살라틴 공원에서 한 불륜 남녀의 태형이 집
행됐다.

　　간통죄 혐의로 붙잡힌 이 남녀의 경우 여성은 혐의를 인정했지만 남
성은 끝까지 혐의를 부인했다. 샤리아 법원은 혐의를 인정한 여성에게는
태형 100대를, 남성에게는 간통죄 대신 '외간 여자에게 애정을 보인 혐의'
만 적용해 태형 30대를 선고했다.

　　하지만 상고심에서 '남성이 모든 혐의를 부인해 간통죄를 유죄로 인
정할 수 없었다'고 판결한 뒤 상고심에서 15대로 감형했다. 태형 장면은
생중계됐고, 사회관계망서비스^{SNS} 등을 통해 인도네시아 전역에 퍼져 나

갔다.

참으로 이상한 일이다. 판사는 왜 같은 사건에서 혐의를 인정한 여성에겐 간통죄를 선고하고, 혐의를 부정한 남성에겐 간통 미완성이라는 판결을 내렸을까?

인도네시아의 사법제도를 잘 모르긴 해도 판사가 되기 위해서 나름 법을 열심히 공부했을 텐데 이런 판결을 내릴 수 있다니, 납득하기 어려운 부분이 아닐 수 없다.

우리의 상식으로는 이해가 안 되는 일이다. 그렇다고 그들이 우리의 이해를 바란 적도 없을 것이다. 그들은 그들 나름대로의 규칙을 만들어 살아가는 것뿐이다. 생각, 상식, 관습, 문화에서 차이가 발생한다는 것은 너무나 당연한 일이다. 어찌 보면 우리도 이런 일들을 비일비재하게 겪고 있기도 하다. 공정과 상식이 점점 사라지고 있으니, 요즘 우리 사회에서 공정과 상식이라는 화두가 수면 위로 떠오르는 것이 아닐까.

가끔은 무엇이 옳고 그른 것인지 판단할 때가 어려운 경우가 많다. 나는 맞는 것 같은데 상대방은 그렇지 않다고 생각하면 오롯이 그것이 맞다고 우길 수는 없다. 그럴 때는 주변 상황을 살펴보면서 가장 균형적인 답을 찾아야 할까?

단호히 거부한다. 틀린 것은 틀린 것이고 맞는 것은 맞다. 대한민국에서는 절대로 여자가 100대를 맞는데 남자가 15대를 맞는 일은 없어야 할 것이다.

눈 덮인 들판을
어지러이 걷지 마라

'눈 덮인 들판을 걸어갈 때는 발걸음 하나라도 어지럽히지 마라.

오늘 내가 가는 이 길은 뒷사람의 이정표가 될 것이니.'

김구의 말이다. 나라를 위해 목숨을 바칠 각오가 되어 있는 독립운
동가들에게 이렇게 말했다. 행여나 나라를 잃은 자의 헛된 발자국이 그
뜻을 이어받은 후세들이 잘못 이해할까 싶은 노파심에 한 말이다. 훌륭
한 뜻을 가진 독립운동가에게 더 훌륭하라 하다니, 과한 욕심이 아닐까
싶지만 이것이 김구의 염원이었다. 나라를 되찾기 위해선 그럴 수밖에 없
었을 것이다.

사노라면 잠시 멈춰 서서 걸어온 길을 뒤돌아봐야 할 때가 있다. 앞
만 보고 달려온 인생 뭐 그리 잘한 일만 있었겠는가? 살아온 길이 찬란하
여 숲을 이루었다 할지라도 뒤돌아 바라보면 군데군데 썩은 나무, 움푹

파인 자리, 뿌리째 뽑힌 나무, 쓸려간 계곡의 황토색 혈흔, 이 모든 것이 다 살아온 흔적일진대 어찌 무탈했다 할 수 있을까? 그래서 우리는 잠시 멈춰 서서 뒤돌아봐야 한다.

바야흐로 속도의 시대다. 속도가 빨라지면 빨라질수록 중요한 것은 방향이다. 방향이 틀어지면 한순간에 훅 간다. 크게 될 사람은 더욱 그렇다. 요즘 들어 잠깐의 실수나 잘못으로 가슴을 찢는 후회를 하는 사람들이 많다.

무심코 쓴 이력서 한 장에 갈 길이 막히고 별다른 생각 없이 사 먹은 소고기 때문에 눈물을 흘려야 하고, 논문 표절, 위장전입, 다운계약서 한 장과 장관 자리를 맞바꿔야 하는 기막힌 상황에 직면하게 된다.

2022년은 이별과 새 만남이 교차하는 해다. 그리고 우리는 새 정부의 국무총리와 장관들을 만나기 위해 지리멸렬한 청문회를 보았다. 이 과정을 거쳐야 하는 사람들은 가슴을 도닥이며 눈 덮인 들판을 어지럽게 걸었던 지난 일들을 반추했을 것이다.

앞으로는 더욱 엄격하고 예리해질 것으로 전망된다. 아마도 자신조차 까마득히 잊어버린 일을 예리한 누군가가 찾아서 알려주면 그것에 대응하느라 정신이 없을 것이다. 어떤 이는 위장전입을 했다가 장관 자리를 내려놓아야 하고, 어떤 이는 석사 논문 몇 줄로 국무총리 자리를 내놓아야 한다. 많은 자리가 그렇게 홍역을 치를 것이다. 그만큼 세상은 조금씩 맑아지게 된다.

돈보다 돈이 주는 가치에 집중하라

플로리다 주에 사는 비트코인 프로그래머이자 초기 채굴자인 라스즐로 핸예츠는 비트코인을 실생활에 사용할 수 있을지 시험하기 위해 2010년 5월 18일 파파존스 라지사이즈 피자 두 판을 1만 비트코인을 주고 사 먹었다. 비트코인 커뮤니티는 비트코인을 이용해 최초의 물건을 산 이날을 비트코인 피자데이로 정했다. 지금 와서 생각해보면 피자 한 판에 대략 5000억 원을 지불한 셈이니 마른하늘에 날벼락 같은 일로 여기겠으나 라스즐로 핸예츠는 아니었다.

그는 2018년에 다시 비트코인 라이트닝 네트워크를 이용해 다시 피자를 주문했다. 이것은 기존 비트코인의 거래 속도를 향상시킨 알고리즘이라고 한다. 무모한 짓이라던가 옳고 그름의 문제는 일단 접어두고 생각해보자면, 그는 비트코인이 돈과 같이 사용할 수 있다는 교환가치를 더 중요하게 생각한 것이다. 이런 새로운 가치를 찾아 먼저 눈밭을 걸어갔던 사람으로 인해 후에 그 길을 걷고자 하는 사람들의 길이 더 선명해졌을 것이다. 김구가 눈 덮인 들판을 걸어갈 때 발걸음 하나라도 어지럽게 걷지 말라고 한 명제와 부합된다.

앞으로 누군가 당신이 혹은 내가 걸었던 길을 걸어오게 될 것이다. 단정하게 걸어가야 한다. 그래야 후에 이 길을 걷는 사람에게 훌륭한 이정표가 될 수 있으니 말이다. 아무리 바쁜 길이라도 뒤돌아서서 지나온 길을 바라보고 잠시 반추하고 쉬어가는 것은 더 멀리, 더 안전한 여행을 위한 지름길이 된다.

바위처럼 견고한
나만의 전설

20년 전 큰아들이 중학교에 입학했다. 중학생이 되었으니 뭔가 달라졌으면 좋겠다는 아빠의 심정으로 한 가지를 부탁했다. 중학교 영어는 총 20과 정도였는데 하나의 과를 완료할 때마다 그것을 통째로 외우는 것이다. 아들은 기꺼이 동의했다. 그것만 하면 자유를 마음껏 누릴 수 있으니 이 제안이 매력적으로 다가갔을 것이다.

이 부탁에는 한 가지 함정이 있었다. 2과가 끝나면 1과와 2과를 모두 외워야 하는 것이다. 20과가 끝나면 영어 교과서 한 권을 외워야 한다. 아들도 이 점을 모르지는 않았겠지만 이미 대답을 했기 때문에 동의했다. 아마도 그 다음의 고난을 예상치 못했을 것이다.

고난의 행군이 시작됐다. 6과까지는 아주 좋았다. 7과 이후 조금씩 버거워지면서 15과 이후부터는 장난이 아니었다. 겨울방학이 시작됐고, 결전의 시간이 다가왔다. 그리고 아들은 해냈다. 1과에서 20과까지 줄줄이 외웠던 것이다. 나도 이렇게까지 가능하리라고는 기대하지 않았다. 물론 중간에 막힐 때 한두 번 실마리를 풀어주긴 했다.

세월이 지났다. 큰아들은 대학교에 입학한 뒤 군대에 다녀왔고, 약 1년 남짓 자투리 시간이 남았을 때 뉴질랜드로 어학연수를 다녀왔다. 복학하고 학업을 이어가던 어느 날 큰아들은 토익점수표를 가져왔다. 990점이었다. 나는 말했다.

"10점만 더 받지… 아깝네."

"990점이 만점이에요."

순전히 내 덕이라고 생각했다. 아들에게 전수한 영어 비법에 스스로 감탄했다. 흔히 말하는 '자뻑'이다. 뻑 간 김에 홍익인간의 심정으로 토익 만점을 받는 방법을 공유하고 싶었다. 물론 뜻대로 되지 않는다고 해서 탓은 하지 않기 바란다. 한다고 해서 뭔가를 해줄 방법도 없다. 일반화하거나 장담할 수는 없지만 나는 토익 만점을 받기 위해선 이 방법을 활용해야 한다고 믿는다. 마치 눈이 녹으면 물이 되고 칠흑 같은 밤이 지나면 새벽이 오는 것처럼 나에게 있어서만은 확고한 일이다.

누구나 하나둘쯤 확고하게 믿는 무언가가 있을 것이다. 그것 하나면 '자뻑'할 수 있다. 남들이 알아주든 알아주지 않든 상관없다. 부질없는 소문 같아 슬쩍 비켜서 있던 진실은 힘이 있다. 사실이었기 때문이다. 굳이 인과관계가 증명되지 않더라도 인감도장 찍힌 여느 계약서보다 누구에겐 훨씬 믿음직했을 테니 말이다.

노인의 낭비는
미덕이다

2017년 대한민국은 초고령사회에 진입했다. 65세 이상 고령 인구가 총인구에서 차지하는 비율이 20%가 넘었다는 말이다. 2030세대는 직접적으로 느끼지 못할지도 모르지만 4050세대의 대부분은 노후를 걱정한다. 특히 60대를 앞둔 사람들은 더할 것이다. 노후 생활의 안전 보장은 '돈'이다. 결혼해서 자식이 있는데 돈이 없다면 자식에게 부담이 될 것이고, 결혼하지 않았는데 돈이 없다면 혼자서 잘 살아낼지 두려움이 크다.

반면 우리나라는 돈 많은 부자도 많다. 이들은 수십억짜리 아파트를 여러 채 가지고 있으며 걱정이라고 하는 게 종부세다. 정말로 돈이 없어서 걱정인지 공돈 날리는 것이 걱정인지는 모르겠다. 만약 돈이 없다면 집 하나 팔든지 줄이든지 하면 되는데 왜 그리 전전긍긍을 하는지 모르겠다.

부자 중에서도 속칭 '가난한 부자'들도 의외로 많다. 이들은 돈은 많은데 쓸 줄을 모른다. 돈 한푼에 벌벌 떨며 인색하기 그지없다. 이런 사람들에게 노블레스 오블리주를 기대했다가는 따귀를 맞고도 남을 일이다.

이들은 젊었을 때 돈을 제대로 쓰는 방법을 배우지 못했기 때문에 가난한 부자가 된 경우다. 돈을 버는 것도 중요하지만 돈을 제대로 쓰는 것은 더 중요하다. 제때 맞게 돈을 쓰기 위해서는 배움이라는 것도 필요한 법이다. 가난한 부자들은 그 돈들을 어찌하지 못해서 끙끙 앓다 제대로 쓰지도 못하고 이 세상을 떠나기도 한다. 물론 그 돈은 자식들이 펑펑 쓰겠지만 말이다. 이보다 더 불쌍한 삶이 어디 있을까?

미래를 팔아 현재를 사는 것은 최악

삶의 매 순간은 똑같이 중요하다. 한때는 현재를 팔아 미래를 사는 것이 미덕인 시절이 있었다. 정말 옷 한번, 밥 한번, 사고 싶은 물건 한번 제대로 사보지 못한 채 부자가 됐으니, 어떻게 제대로 돈을 쓸 수 있을까?

미래를 팔아 현재를 사는 것은 최악이다. 이런 결정은 찬성할 수 없다. 이런 자들은 주로 교도소 담벼락을 걷는 자들이다. 최선은 균형이다. 현재도 미래만큼 중요하다. 요즘 젊은 사람들의 생각이 이렇지 않을까? 절묘한 균형으로 인생 전반의 최대 풍요를 안배할 필요가 있다.

"그래, 실컷 젊음을 낭비하려무나, 넘칠 때 낭비하는 건 죄가 아니라 미덕이다. 낭비하지 못하고 아껴둔다고 그게 영원히 네 소유가 되는 건 아니란다."

박완서의 『그 남자네 집』의 한 문단이다. 단 마음껏 낭비가 필요한 때가 있다. 때가 지나면 돌아오지 않는 것이 있다. 박완서는 젊음을 낭비하라고 했다. 기성세대들은 너무도 이 젊음을 하찮게 여겼다. 우리의 부모들은 더 그랬다.

부자 어르신이 낭비할 때는 바로 지금

이제 부자 어르신들이 마음껏 낭비할 때가 왔다. 어지간히 노후 대비를 했다면 그 나머지는 마음껏 낭비하며 베푸는 삶을 살기 바란다. 그렇게 함으로써 여태 경험하지 못한 새로운 세상을 맛볼 수 있을 것이고, 주변의 칭송도 받아 뿌듯함도 느낄 수 있을 것이다. 세상은 이로 인해 밝아지고 소비된 돈은 전대미문의 거중기가 되어 세상을 다시 들어올릴 것이다.

부자 부모를 둔 자식들에게도 부탁하고 싶다. 부모의 낭비를 부추기길 바란다. 이것이 효도보다 더 큰 효도고, 부모가 많은 돈을 남길수록 불효보다 더 큰 불효다.

부모의 지금을 존중하고 황금보다 귀한 지금을 보낼 수 있도록 지혜를 짜낸다면 자손만대에 큰 복을 받으리라. 노인의 낭비는 죄가 아니다. 미덕이다. 아껴둔다고 님의 소유가 되지 않는다.

벽을 허물고 신뢰를 쌓는 '목격자적 관점'

처칠과 콜럼버스가 아메리카에 대해 싸웠고, 처칠이 이겼다. 동의할 수 없는 일이다. 처칠이 대단한 사람이라는 것을 모르는 바 아니지만 사안이 아메리카에 관한 한 흔쾌히 동의할 수는 없는 일이다. 이 지점 어디엔가에 이 글의 답이 숨어 있을 것이다.

사실 나는 경영 컨설턴트로 25년간 수많은 기업체에서 강연을 했다. 하지만 강의라는 것은 말처럼 쉬운 것이 아니다. 새로운 누군가를 만나 새로운 주제로 새로운 의미를 창출해야 하니, 쉽다 할 순 없을 것이다.

이보다 더 어려운 것은 청중들의 신뢰를 얻는 것이다. 처음 만나는 사람들 앞에 서면 그들 눈빛에는 '네가 뭔데?'라는 표정이 역력하다. 그리고 '얼마나 잘하는지 보자' 하는 심판자의 자세로 한껏 몸을 뒤로 젖히고 강사를 응시한다. 신입사원이나 사장이나 이때만큼은 모두 높은 사람들이다. 수많은 사람을 만나본 나도 이런 표정과 눈초리에 직면하면 싸하다. 강의가 진행되면서 조금씩 당겨 앉는 것이 포착된다. 이 무례한 자들을 90도로 꼿꼿이 세워 앉히는 것이 강사의 몫이다. 끝내 세워 앉히지 못한다면 이걸로 끝이라고 보면 된다.

버스에서 처음 만난 두 노인이 스스럼없이 이야기하는 것을 보면 그렇게 부러울 수가 없다. 어쩌면 저렇게 다정하게 이야기를 나눌 수 있을까 하는 생각이 드는 것이다. 나도 청중들과 처음 만나자마자 오랜 지기를 만난 것처럼 서로를 믿으며 이런저런 이야기를 나누며 고민을 해결해주고 싶다. 아니면 코미디 프로그램에 나오는 개그맨들처럼 그들을 막 웃겨주고 싶다. 그래야만 컨설턴트로서의 임무를 다하는 것만 같다. 컨설턴트가 웃기는 사람은 아닌데 말이다.

야심작은 '목격자적 관점'이었다.

"오늘은 특별한 자리에 매우 특별한 분들이 오셨기 때문에 매우 특별한 관점으로 말씀드리겠습니다. 바로 목격자적 관점입니다. 지금까지 컨설팅한 프로젝트가 약 700건이고, 검증된 재무적 성과가 2,000억 원이 넘었습니다. 건수를 자랑하는 것이 아닙니다. 성과를 자랑하는 것도 아닙니다. 중요한 것은 700건의 프로젝트를 통하여 2,000억 원의 성과를 창출하는 모든 순간을 숨소리까지 들릴 듯한 가까운 거리에서 일거수일투족 '제가' 함께하고 목격했다는 사실입니다. 오늘은 소문을 통해 들은 것이 아니고, 책에서 본 것도 아닌 목격한 사실 그대로를 말씀드리겠습니다."

모두 자세를 당겨 앉았고 몇몇은 안경을 고쳐 쓰며 강단을 향해 얼굴을 내밀었다. 성공적이었다. 그 후 S그룹 핵심 계열사 20여 곳을 다 돌며 강연을 했으니 말이다. 기독교에서 '예수께서 장사한 지 사흘 만에 죽은 자 가운데에서 다시 살아나시고'를 강조하는 것은 신앙의 핵심이 부활이기 때문이다.

하지만 이것을 믿는 자와 믿지 못하는 자로 나뉜다. 왜 이런 문제가 발생할까? 두 눈으로 직접 보지 못했기 때문이다. 두 눈으로 직접 확인했다면 논쟁은 바로 끝일 텐데 말이다. 그래서 나는 의심을 신뢰로 바꾸는 핵심은 '목격자적 관점'이라고 확신한 것이다.

따스한 봄볕, 뜨거운 여름 햇볕, 성숙한 가을 햇볕 그리고 언뜻언뜻 겨울 햇볕에 나른하게 익어가는 항아리처럼 진득한 방법은 아니었겠으나 이른 시간에 분위기를 장악하고 신뢰를 회복해야 하는 숙명적 상황에 한번쯤 써봄직한 방법이다. 그리고 중요한 것은 요즘 유행하는 '가짜'가 아니었기 때문에 더더욱 망설일 필요가 없었다.

만약 당신이 누군가와 진정성 있는 신뢰를 쌓고 싶다면 목격자적 관점으로 설명해보기를 권한다. 이때 더도 말고 덜도 말고 실제로 목격한 것을 있는 그대로 말하면 된다. 만약 보지 못한 것이 개입된다면 설득력은 현저히 약화될 것이다.

진실은 늘 우리 시선이 머무는 곳에서 자란다. 그러니만큼 한마디 한마디가 직접 목격한 진실일 때 두 사람의 거리는 한 걸음씩 성큼 당겨질 것이다.

무엇을 하든 멈춰 서니만 못할 것이다, 이럴 땐

쉼은 집착을 버리고 자신을 풀어놓는 일이다. 우리 몸에 가장 나쁜 것은 스트레스다. 더 나쁜 것은 반복되는 스트레스다. 맞은 데 또 맞으니 병이 날 수밖에 없다.

브리티시 오픈에서 3관왕을 차지한 닉 팔도는 그해 미국에 진출했다. 하지만 우승 문턱에서 번번이 무너지면서 자신감을 상실해 기나긴 슬럼프에 빠진 닉 팔도는 전설적인 골퍼 벤 호건에게 조언을 받고자 했다. 점심 약속을 청해 진지하게 조언을 구했으나 벤 호건은 그저 묵묵히 식사만 할 뿐이었다. 점심 식사가 끝나고 문을 나설 때까지 침묵은 계속됐다. 그리고 비로소 벤 호건이 한마디를 건넸다.

"타수를 줄여요."

그해 닉 팔도는 마침내 PGA투어 마스터스 토너먼트에서 우승을 차지했다. 긴 슬럼프를 극복한 것이다. 벤 호건의 컨설팅은 핵심을 뚫었다. 닉 팔도 우승의 핵심은 타수를 줄인 것밖에 없었다. 이것만은 분명한 사실이다.

누구에게나 슬럼프가 있다. 운동선수뿐만 아니라 학생, 직장인, 사업가, 주부, 대통령, 종교인 등 누구에게나 있다는 것은 회피의 대상이 아니라 극복의 대상이라고 할 수 있다.

피할 수 없다면 즐겨야 하고, 패배하기 싫으면 극복할 수밖에 없다. 미국의 한 방송국 프로그램에서 어떤 심리학자가 '슬럼프 극복의 7가지 지혜'를 발표한 적이 있었다.

멈춰라.

초심으로 돌아가라.

자신을 판단하지 마라.

다른 사람들과 경쟁하지 마라.

긍정적인 대화로 삶을 채우라.

의사 결정을 내리지 마라.

자신감을 회복하라.

온통 하지 말라는 것을 보면 특별한 방법이 없다는 뜻일 게다. 그저 삼가고 조심하자는 의미다. 그렇다면 우리는 다른 접근이 필요하지 않을까? 나의 선택은 '쉼'이다. 자신을 너무 혹사시키지 않는 것.

눈 딱 감고 쉬어라, 그래야 일어날 수 있다

상식 그 이상을 해내는 사람을 슈퍼맨이라 부른다. 그러나 그에게 더 많은 것을 강요하면 슬퍼맨이 된다. 여기에 더하면 술퍼맨이 된다고 한다. 목이 말라 콜라를 마시면 이내 술을 찾게 되고, 그 다음은 어떤 것에 손을 댈지 모른다. 갈증은 끝없이 타오르는데 해소할 길이 없다면 이때는 눈 딱 감고 쉬는 것밖에 없다. 그것도 아주 푹 쉬어야 한다.

눈 딱 감고 내버려두면 해결되는 일이 많다. 어릴 적, 아마도 초등학교 저학년 때일 것이다. 어른들은 농사일을 하러 가고 친구들과 놀다가 유리창을 깼다. 얼마나 놀라고 얼마나 두려웠는지. 하지만 방법은 없었다. 고민 끝에 내린 묘수는 그냥 잠을 자는 것이었다. 한참을 자고 있는데 어머니와 아버지가 깨워 일어났더니 어디 다친 곳이 없느냐고 걱정을 해주었다. 유리창 깨진 것은 이미 물 건너간 것이다.

바둑을 둘 때 난감한 상황에 봉착할 수 있다. 어디에 둬야 할지 다음 수가 보이지 않는다면 손을 빼라고 한다. 무책임한 말이다. 절체절명의 위기 상황에 손을 빼고 다른 곳에 두라니 제정신인가?

그러나 상대방이 이에 반응한다면 위기를 넘길 수 있는 여지가 생긴다. 어차피 대책이 없는 곳에서 질퍽거려봐야 더 큰 수렁에 빠질 수밖에 없으니 새로운 곳에서 반전의 기회를 엿보라는 뜻이다. 눈 딱 감고 상대방에게 공을 넘기고 아무 일도 일어나지 않은 듯 딴청을 부리고 있노라면 의외의 곳에서 기회가 생길 수 있다. 바둑판은 넓고 아직 갈 길은 멀다. 우리 인생도 마찬가지다.

내려놓는 순간 다시 살아난다

되는 일은 하나도 없는데 상황이 점점 악화되면 스트레스가 극대화된다. 이럴 때는 하늘이 무너질 것 같은 절망감이 들지만 결코 하늘이 무너지지는 않는다. 되는 일이 하나도 없으면 잠시 멈추고 무조건 쉬어보자. 그리고 당신들 앞에 놓인 여러 상황들을 신중하게 검토한다. 그리고 그것을 하나씩 해결하기 위해 천천히 움직인다. 누군가는 그 무슨 사치스런 처방이냐고, 직장인이 그럴 시간이 어디 있겠냐고 반문하겠지만 이대로 그냥 가다간 호미로 막을 것을 가래로도 막지 못하는 상황에 직면할 수도 있다.

얼마 전 목이 아파 병원을 찾았다. 소위 목에 힘이 들어간 증상이다. 목이 활처럼 뒤로 휘어져 있어야 정상인데 꼿꼿이 서 있다는 것이다. 입원해서 집중적으로 치료받기를 권했다. 일 때문에 그럴 수 없다고 했더니 의사가 말했다.

"아직 덜 아프신 모양입니다."

순간, 어이가 없었다. 물론 웃으면서 하는 말이었으나 의사라는 자가 저렇게밖에 말을 못하나 싶었다. 그러다 곰곰이 생각해보니 의사 말이 정답이었다. 그는 그의 방법대로 말한 것이다. 맞았다. 아직 덜 아픈 것이 분명했다. 끝내 입원하지 않고 버티었으니 말이다.

닉 팔도가 벤 호건을 만나고 슬럼프를 극복할 수 있었던 것은 일종의 '깨달음'일 것이다. 벤 호건이 타수를 줄이라고 한 말은 왕도가 없다는 말이며 닉 팔도는 이를 깨닫고 자신을 내려놓은 것이다.

그리고 내려놓는 순간 다시 살아났다. 세상일이란 이처럼 오묘한 것이다. 내려놓을 줄 아는 지혜야말로 슬럼프 탈출의 묘수 중에 으뜸이다.

MOMENT

7

다시 용기를 내다

비탄의 방구석을
뛰쳐나와야

동굴 속으로 들어가는 이가 늘고 있다. 한때 잘나가던 사람들도 동굴로 들어가고, 태생적 한계에 봉착하여 애초부터 동굴에 정착한 사람들도 계속 머물러 있다.

사람이라면 누구나 한번쯤은 깊은 절망에 빠지거나 매너리즘에 빠지면 동굴 속에 들어가기도 한다. 잠시 들어가는 것도 나쁘지 않다. 바닥 치면 올라갈 길밖에 없으니, 때론 바닥을 치는 것도 우리네 인생을 사는 데 도움이 되기도 할 것이다.

하지만 문제는 동굴 속에서만 살려고 하는 것이다. 우리는 비탄의 방구석을 박차고 나온 한 여인을 통해 동굴 속에 계속 머무를 것인지를 결정해야 한다. 내일은 분명 오늘과 다른 날이기를 바라면서.

'여인은 수많은 날을 한숨과 눈물로 지새웠습니다. 강물에 버려진 것들, 나뭇잎이며 곤충, 새의 깃털들은 모두 돌로 변해서 강바닥에 가라 앉았으리만큼 많은 세월, 마음을 갈가리 찢을 수 있다면 그래서 흐르는 강물에 내던질 수만 있다면… 이 고통은 끝나고, 마침내 그 모든 것을 잊을 수 있으련만. 숱한 겨울바람은 뺨 위를 흐르는 눈물을 얼렸고, 얼음처럼 강물 속으로 떨어진 그녀의 눈물은 강물과 함께 멀리멀리 흘러갔을 것입니다. 그 눈물은 이 강이 다른 강과 만나는 곳 그리고 그 강이 다시 또 다른 강과 만나는 곳, 마음과 눈이 미치지 못하는 머나먼 곳, 마침내 바다와 만나는 곳까지 수없이 많은 세월 그렇게 흘러갔을 것입니다.'

-파울로 코엘료 『피에트라 강가에서 나는 울었네』 중에서

과거를 회상하며 비탄에 빠진 '필라'의 심경을 파울로 코엘료는 이렇게 묘사했다. 『피에트라 강가에서 나는 울었네』는 필라와 그녀의 어릴 적 남자친구가 11년 만에 만나 사랑의 기적을 느낀 이야기를 다룬다. 파울로 코엘료는 자아의 연금술을 신비롭게 그려낸 『연금술사』로 일약 세계적인 밀리언셀러 작가가 되었다. 1994년 출간한 『피에트라 강가에서 나는 울었네』는 우리에게 또 다른 감동을 안겨주는 소설이다. 스페인의 마드리드에서 출발, 피레네 산맥을 넘고 프랑스의 생사뱅과 루르드를 거쳐 피에트라 강가에서 끝나는 이 신성한 '순례기'는 『베로니카, 죽기로 결심하다』와 같이 일주일 동안 한 여자와 한 남자에게 일어나는 '삶의 기적'에 관한 이야기다.

완전히 다른 상황이긴 하지만 『성경』에 나오는 혈우병에 걸린 여인의 심경과 너무나 중첩된다. 필라와 혈우병 걸린 이 여인의 심경은 시간과 공간을 넘어 서로에게 전달된다.

당신의 믿음이 당신을 구원할 것

비탄의 눈물로 하루하루를 보내야 했던 여인은 우연히 예수가 자신이 사는 마을을 지난다는 소문을 듣게 된다. 순간, 그녀는 한 줄기 희망의 빛을 보았다. 그리고 쉽지 않은, 내키지 않은 그러나 일생일대, 용기 있는 결정을 하기에 이른다.

당시 그녀가 앓고 있던 '혈루증'은 요즘의 혈우병으로, 『레위기 15:2』에 따르면 '유출병이 있으면 그 유출병으로 말미암아 부정한 자다'라고 되어 있다. 참으로 우스운 시대적 편견이겠으나 그로 인한 여인의 고통은 이루 말할 수 없었을 것이다. 세상 밖으로 나간다는 것은 참으로 수치스러움을 각오하지 않으면 안 되는 일이었다. 더불어 군중 속에 잠입하는 것은 상상도 할 수 없는 수치이자 두려움이었을 것이다. 그러나 그녀는 당당히 군중 속을 걸어 들어갔다.

그녀의 용기는 간절함과 절실함에서 비롯됐을 것이며 결국은 무리 가운데 끼어 예수 뒤로 와서 그의 옷자락에 손을 대었다. 상식적으로 보면 그녀의 행동은 너무나 무모했다. 군중 속에서 사람과 사람끼리 엉키며 부딪치고 지나가는 상황에서 옷자락에 손을 댄들 어찌 알겠는가? 그러나 그녀는 손을 댔다. 더할 나위 없는 간절함과 능력보다 더 큰 능력이 만나는 순간이다. 그리고 그녀의 병은 나았다. 그리고 예수는 그녀의 손길을 알아차리고, 황급히 돌아서는 그녀를 불러 세웠다. 그리고 이렇게 말했다.

"딸아, 안심하라. 네 믿음이 너를 구원하였다."

여인은 그저 방구석에 앉아 비탄에 빠진 대신 수치와 모멸을 무릅쓰고 거리로 뛰쳐나와 해결책을 도모한 것이다. 여인은 자신을 드러내면서 자신을 구원해줄 능력자와 만났다. 간절함을 동반한 여인의 행동은 믿음이 전제됐으나 한편으로 보면 문제해결의 강력한 의지가 동반된 것은 부인할 수 없는 일이다.

동굴 속에서 빠져나오기 위해선 손을 뻗어라

지금 비탄에 빠져 자신만의 동굴 속에 숨어 있다면 당장 손을 뻗고 뛰어나와야 한다. 그 이유는 너무도 많지만 혈우병을 걸린 여인이 병을 나았다는 것에서 찾을 수 있을 것이다.

비탄의 눈물만 흘린 여인은 자신의 믿음과 용감한 행동으로 인해 이제 강물에 얼음처럼 차가운 눈물 대신 하얀 종이배에 아리따운 사연의 엽서와 활짝 핀 꽃 한 송이를 누군가에게 띄워 보낼 것이다. 지금 누군가

242

비탄의 눈물을 흘리고 있다면 자신을 믿고 밖을 향해 뛰쳐나가기를 바란다. 비탄의 방구석을 뛰쳐나오는 순간 세상은 이미 달라져 있을 것이다. 바로 당신 세상이다.

'스스로 깨면 병아리가 되지만 남이 깨면 프라이가 된다.'

출처 미상의 말이다. 수년 전 여의도에 있는 한 중학교의 교실 뒤 게시판에서 발견했다. 발견하는 순간 신선한 충격이었다. 이런 멋진 말이 중학교 학생들의 관심 대상이었다니 놀라운 일이었다. 확신한다. 이 교실을 지나간 학생들 중에는 그 누구도 동굴에 칩거하는 일은 없으리라.

내 혈관에 흐르는 것은
코카콜라다

정신 나간 사람, 반항아, 고생을 사서 하는 놈, 커서 뭐가 될런지 등 그를 바라보는 주변의 혀를 차는 시선과 말들이다. 그러나 그로부터 한참 뒤 그의 이 한마디는 두고두고 세상에서 회자됐다. 바다 멀리까지…

"내 혈관 속에 흐르는 것은 혈액이 아니다. 코카콜라다."

누굴까 이 사람은? 오늘의 코카콜라를 만든 '로버트 우드러프' 전 회장이다. 로버트 우드러프의 아버지 어니스트 우드러프는 1919년 아서 캔들러로부터 코카콜라를 인수했다. 하지만 로버트는 젊은 시절 학교를 싫어했고 아버지와 갈등을 빚으면서 아버지의 회사가 아닌 다른 곳에서 일했다. 공사판에서 모래를 퍼 나르기도 했고, 트럭 판매원으로 일하기도

244

했다. 그러다 화이트 모터 컴퍼니로 옮기면서 탁월한 세일즈 능력과 비즈니스 감각을 발휘하며 부대표로 초고속 승진을 했다. 아버지에게 로버트 우드러프는 무능력한 아들이었으나 화이트 모터 컴퍼니의 직원 로버트 우드러프는 전혀 다른 인물이었다.

그는 그곳에서 자신의 잠재력이 무엇인지를 발견하고 아버지와의 갈등에 억눌려 발산되지 못하던 재주를 계발해 그 기량을 맘껏 발휘했던 것이다. 뒤늦게 아들의 능력을 알아본 아버지는 그를 스카우트해 당시 위기에 빠져 있던 코카콜라의 경영 책임자로 임명했다. 1923년 33살의 젊은 나이로 코카콜라의 회장으로 선출된 로버트 우드러프는 마르크스도 이루지 못한 '전 세계 붉은 혁명'의 꿈을 코카콜라로 실현했다.

때를 만나지 못하면 괴짜가 될 수밖에

사람들은 그를 '괴짜'라고 말한다. 나는 그를 '진짜'라고 부르고 싶다. 그렇다면 '괴짜'와 '진짜'의 차이는 뭘까? 한마디로 정의하면 이렇다.

'괴짜는 때를 만나지 못한 진짜다.'

물론 항상 그런 것은 아니라는 점을 전제에 깔아놓고 싶다. 괴짜가 그냥 괴짜인 경우가 더 흔할 수 있으니 말이다.

「내일은 국민가수」에서 최종 우승한 박창근은 1972년생으로, 올해

50세다. 경이로움의 끝은 그의 심금을 울리는 노래만큼이나 이런 실력파 가수가 1999년부터 앨범을 발매했지만 아무도 몰랐던 가수였다는 점이다. 어쩌면 박창근 같은 사람들이 한둘이겠는가?

때를 제대로 만난 괴짜는 국민가수 '박창근'이 되고, 때를 제대로 만나지 못한 진짜는 여전히 무명가수로 살아야 하는 '박창근'이 되는 것이다.

그래서 실력 있는 괴짜들이 모두 진짜가 되는 것은 아니다. 그러나 진짜가 된 모두는 실력 있는 괴짜라는 사실은 부정할 수 없을 것이다.

다만 당신들이 혹은 내가 중점을 둬야 하는 것은 실력 있는 괴짜가 되어야 하는 점이다. 로버트 우드러프는 자신의 혈관 속에 코카콜라를 흐르게 할 정도로 심혈을 기울였다. 실력을 갖추고 내공을 쌓은 뒤 진짜가 될 날들을 기다리며 자신이 서 있는 길목을 지켜야 한다. 갖추고 바라고 지키고 있노라면 반드시 때가 온다.

이런 기다림은 굳이 약속을 전제로 하지 않아도 좋다. 하루하루 바람 맞으며, 햇볕 받으며 고개를 높이 쳐들기만 하면 된다. 그 자체가 야물게 여물고 진하게 물들며 바다로 향하는 강물 같은 것이기 때문이다.

소망이 사라지면 맹세가 성행한다

"소망이 사라지면 맹세가 성행한다."

레오나르도 다빈치의 말이다. 회화, 건축, 철학, 시, 작곡, 조각, 육상, 물리학, 수학, 해부학 등 다양한 분야를 섭렵한 거장이다. 결코, 가볍게 볼 수 없는 엄청난 분의 말이니 다시 한 번 곱씹게 된다.

맹세란 이토록 믿을 수 없는 것인가? 나라마다 언어가 가진 뉘앙스는 다르겠으나 한국의 맹세는 뭐가 다를까? 궁금해졌다.

황금의 꽃같이 굳고 빛나던 옛 맹세는

차디찬 티끌이 되어서 한숨의 미풍에 날아갔습니다

한용운의 '님의 침묵'의 한 구절이다. 레오나르도 다빈치가 르네상스의 화려함을 돋웠다면 한용운은 일제강점기 치하 속 삼일운동의 정신을 강하게 표출했다고 할 수 있다. 또한, 그는 승려로서 종래의 무능한 불교를 개혁하고 불교의 현실 참여를 주장했다. 시대가 다르고 삶의 환경이 다르고, 추구하고자 하는 목표가 달랐을 두 사람의 맹세에 대한 가벼움의 견해는 일치했다.

맹세의 의미는 달랐겠지만 레오나르도 다빈치와 한용운의 맹세는 한숨의 미풍에 날아가버릴 만큼 가벼웠다.

이 두 사람만 맹세의 가벼움을 이야기한 것이 아니다. 지금은 목회자의 길을 걷고 있지만 한때 한국 가요사에서 중요한 위치를 차지했던 록과 발라드의 선구자 윤항기도 맹세의 가벼움을 노래했다.

> 너와 내가 맹세한 사랑한다는 그 말
> 차리라 듣지 말 것을 애당초 믿지 말 것을
> 사랑한다는 그 말에 모든 것 다 버리고
> 별빛 따라 흘렀네
> …
> 유성처럼 사라져버린
>
> —윤항기 〈별이 빛나는 밤에〉 중에서

이뿐이랴? 배호도 〈비겁한 맹세〉에서 비겁하게 맹세만 하고 갔다고 한탄했다. 날아가고, 사라지고, 버려지는 맹세는 우리가 당초에 생각했던 것처럼 그렇게 견고하지 않았다. 맹세가 과연 이렇게 하찮은 것이었나? 아니다. 『삼국지연의』에서 유비와 관우, 장비는 도원결의를 통해 의형제를 맺었다. 그리고 그들은 이렇게 맹세했다.

> "유비, 관우, 장비 세 사람은 비록 각기 성씨는 다르지만 이미 형제의 의를 맺기로 하였으니 한마음 한뜻으로 협력해서 곤란하거나 위험에 빠진 경우에는 서로 돕고 부축하며, 위로는 나라에 보답하고 아래로는 백성을 편안하게 하도록 하소서. 동년 동월 동일에 태어나지 않았지만 오직 동년 동월 동일에 죽기를 바라나이다. 황천후토皇天后土께서는 이 마음을 굽어 살피시어 의리를 배반하거나 은혜를 잊는 일이 생긴다면 하늘과 사람이 함께 죽여주소서."

허구성이 짙은 이야기에 맹세의 무거움을 이야기하자니, 왠지 민구스럽기도 하지만 누군가에게 맹세는 자기의 목숨보다 더 소중한 것이기도 했다.

소망 없는 맹세는 한낱 비겁한 약속일 뿐

여기서 우리는 중요한 전제를 간과했다. 바로 '소망'이다. 맹세는 소망과 동행해야 한다. 여기에 방점을 찍어야 한다. 소망과 맹세는 따로 존재할 수 없는 빛과 그림자다. 소망이 사라지는 않는 한 맹세는 유효하다. 유비와 관우, 장비의 맹세가 그러하듯, 그들이 추구하는 염원이 있는 한 그들의 맹세는 영원히 깨지지 않는다.

사람들이 맹세의 가벼움을 이야기하는 것은 맹세가 결코 파기될 수 없는 말이기에, 유성처럼 사라져서는 안 되기에, 너나없이 이렇게 부르짖는 것이다.

당신들이 누군가와 맹세를 해야 할 일이 생긴다면 우선 그와 당신 사이에 영원히 유지될 공통의 소망이 있는지를 살펴봐야 한다. 한 순간의 기분으로 맹세했다가는 유행가의 통속적 설움 같은 가벼움에 상처를 받을 수 있다. 더불어 맹세는 함부로 하는 것이 아니다. 그 무게를 지킬 만큼 큰 무엇이 있을 때 해야 하는 것이다.

단, 『성경』에서의 소망은 문학에서처럼 단순한 기대나 갈망이 아니라 믿음과 신뢰를 두고 소망의 하나님을 의지하는 것을 뜻한다. 더욱이 소망은 성령의 은사로써 그리스도인이 갖추어야 할 특성 중 필수적인 요소로 소개된다. 그러므로 우리가 말하고 있는 지금까지의 소망과는 그 궤를 달리한다고 하겠다.

길게 꼬리를 물며 서 있는 자동차 창문에 꽂힌 전단지처럼 맹세의 가벼움이 도처에 깔린 시대, 우리는 누구와 무엇을 가지고 손가락을 걸어야 할까? 심사숙고할 일이다. 만약 꼭 손가락을 걸어야 한다면 옆에 소망이 동행하고 있는지 꼭 살펴봐야 할 것이다. 소망이 사라지면 맹세가 성행하는 까닭에…

주저앉히는 말,
일으켜 세우는 말

사람을 주저앉게 만드는 말과 사람을 다시 일으켜 세우는 말이 있다. 말은 매우 비슷함에도 불구하고 미세한 뉘앙스를 타고 긍정으로 날아가기도 하고 절망의 나락으로 곤두박질치기도 한다.

흔들리지 않고 피는 꽃이 어디 있으랴

이 세상 그 어떤 아름다운 꽃들도

다 흔들리면서 피었나니

- 도종환의 '흔들리지 않고 피는 꽃이 어디 있으랴' 중에서

흔들리는 꽃은 사람을 일으켜 세우는 말이다. 절망을 딛고 일어서게 용기를 준다. '그 어떤 꽃들도' 고난과 위기를 극복하고 핀 꽃임이 이 이상 분명할 수 없다. 그러므로 나 또한 이 위기를, 이 고통을 극복하는 것만

251

이 유일한 길임을 자각하게 된다.

　한때 청춘들이 아닌 사람들을 뜨겁게 만들었지만 정작 청춘들에게 야유를 받아야 했던 김난도의 『아프니까 청춘이다』라는 책 제목은 어떨까? 관점에 따라 다르겠지만 어떻게 보면 위로가 되기도 하고, 어떻게 보면 화가 나기도 한다. 어떤 청년은 이렇게 반문하기도 했다.

　　"청춘은 아프지 않아야 하는 것 아닌가요?"

　그때 나는 청춘이 아니었는데도 이 구절이 쉽게 와 닿지 않았다. 오히려 거부감마저 들었다. 아프니깐 청춘이라는 말을 그대로 받아들이면 청춘들은 자신들이 아픈 것도, 상황이 어려운 것도, 시련을 겪는 것도, 실패를 하는 것도 당연한 것으로 받아들일 수 있다. '내 탓이 아니라 내가 청춘인 탓이로구나!'라고 생각하며 기왕에 주저앉은 거 계속 주저 앉아버리고 싶은 생각이 들 수도 있다. 청춘을 위로한다고 마구마구 공감해주는 말들은 청춘을 계속 나약하게 만드는 것이다.

　어려울 때일수록 현실을 직시해야 한다. 청춘이라고 어물쩍 넘어갈 때가 아니다. 청년들을 위한 복지는 증가되고 있다. 오로지 청년만을 위한 주택이 있고, 청년만을 위한 적금이 있다. 지금도 정책 당국자들은 청춘을 위해서 무엇을 할 수 있을까만을 생각하며 머리를 싸매고 있을 것이다.

　그런다고 청년들의 삶이 나아질까? 세상일이 하루아침에 달라질

252

수는 없으니 뭐라고 단정할 수 없지만 솔직히 현 정책들이 시원하게 와 닿지는 않는다. 아무리 이 나라의, 이 사회의 모순점이 열거되고 모순들이 버선 짝처럼 뒤집혀 하늘을 가득 채워도 나의 척박한 현실은 위안을 받을 수 없으며 바뀌지 않는다.

내가 극복해야 할 일은 오롯이 나의 몫일 뿐이다. 나라가 극복해줄 수 없다. 그러니 위안이랍시고 어설픈 말 던질 일이 아니다. 굳이 하자면 이런 정도의 말은 가능할 것으로 본다.

"서두르지 않아도 된다. 멈추지만 않으면….."

홍해 앞이냐?
요단강 앞이냐?

●
●

홍해 앞에서 수많은 사람이 떨고 있다. 그들은 두려움에 가득차 소리를 지를 기력조차 없어 보인다. 세상은 절망으로 가득차 있었으며 망연자실한 그들은 이제 실낱같은 희망도 놓아버렸다. 떨고 있는 그들은 모세가 이끄는 이스라엘 백성이다.

요단강 앞에 선 그들은 서쪽 레바논 골짜기의 바알갓에서부터 세일로 올라가는 곳 할락 산을 바라보고 있었다. 그 땅은 견고하며 요새 중의 요새였으며 함락할 수 없는 철옹성이었다. 그러나 그들은 자신감으로 가득차 있었으며 곧이어 그들은 여리고 왕을 필두로 벧엘 곁의 아이 왕, 예루살렘 왕, 헤브론 왕, 야르뭇 왕 등 31명의 왕을 차례로 정복했다. 그들은 여호수아가 이끄는 이스라엘 백성이다.

똑같은 사람들이 한줄기 역사 속에서 한편에선 떨고 있고 다른 한편에선 자신감으로 가득차 있다. 어떤 차이가 그들을 두려움과 절망 속에

떨게도 하고 또 자신감과 희망 속에서 환호하게도 하는 것일까?

종교에서 신자를 구별하는 방법 중 하나는 믿음과 의심의 차이를 판별하는 것이라고 한다. 하지만 한둘도 아니고 수백만에 달하는 신자를 구별해야 한다면 어찌 일사불란하게 믿고 안 믿고의 차이만을 논할 수 있을까? 물론 '전쟁은 하나님께 속한 것'이라는 『성경』 말씀을 살짝 접어 두고 하는 말이다.

「오징어 게임」은 한국보다 외국에서 더 화제가 된 드라마다. 특히 깐부 할아버지로 분한 오영수 씨는 한국인 최초로 골든글로브 남우조연상을 수상했다.

줄다리기 장면이 나온다. 깐부 할아버지가 속한 팀은 최약체다. 주로 노인이나 여성 또는 비교적 체격이 아담한 남성들로 구성됐기 때문이다. 이때만 해도 그들은 몰랐다, 자신들이 최강팀이라는 것을. 이 드라마를 보면 강한 자가 이기는 것이 아니라 이긴 자가 강한 것을 새삼 느끼게 된다.

이들의 승리 요인을 한번 짚어볼 필요가 있다. 첫째 이들은 전략을 세웠다. 깐부 할아버지는 자신의 경험으로 줄다리기에서 이기는 방법을 알고 있었던 것이다.

둘째, 이들에겐 위기감이 있었다. 1장에서 언급했지만 우디 앨런은, 길은 2가지며 하나는 파멸로 결정이 난 길이고, 다른 하나는 가능성이 희박한 길이라고 말했다. 이들은 자신들이 최약체 팀이라는 것을 알고 있었기 때문에 모든 길이 막혀 있다는 사실을 인식하고 있었다. 그래서 절체절명의 위기감이 들었을 것이다.

셋째, 서로를 믿었다. 그들이 승리할 방법은 서로를 믿고 생사공동체로써의 팀워크를 발휘하는 것뿐이었다.

이들의 입장은 당시의 이스라엘 백성과 다르지 않다. 홍해 앞에서 한없이 작았던 이들이 절체절명의 상황 속에서 강자로 재탄생하듯 노인과 여성이 포함된 최약체 팀이 최강팀으로 거듭나는 고차방정식을 기어이 풀어내고야 만 것이다.

거듭 말하지만 강한 자가 이기는 것이 아니다. 이긴 자가 강한 것이다. 승리하는 자들은 이기고자 하는 의지가 절실하고, 집요하게 승리의 방정식을 풀어내며 빈곤한 자원이지만 적재적소에 배치하는 등 필승의 신념으로 똘똘 뭉친 자들이다. 이들을 어찌 당하랴?

처음부터 강한 자가 영원한 강자가 될 수 없을뿐더러 처음부터 약자가 영원한 약자로 남으라는 법도 없다. 오직 준비된 강자와 만들어진 강자 그리고 끊임없이 갈고 닦은 강자가 있을 뿐이다. 당신들이 지금 선 자리가 홍해가 아니라 반드시 요단강 앞이기를 바란다.

한국의 아이돌,
프랑스를 점령하다

1866년 프랑스는 군함 7척에 1,000명의 군사를 이끌고 와서 강화성을 점령한 뒤 무기, 서적, 양식 등을 약탈했다. 이 사건이 병인양요丙寅洋擾다. 1866년 초 홍선대원군이 천주교를 금지하면서 프랑스 선교사와 조선인 천주교 신자 수천 명을 처형한 병인박해에 대한 복수였다. 프랑스군은 강화도를 점령한 뒤, 프랑스인 선교사를 죽인 책임자를 엄벌하고 통상 조약을 체결하라며 조선 정부를 위협했다. 프랑스군은 강화도에서 물러나면서 당시 강화도 외규장각에 보관하고 있던 책 340권과 은 19상자 등을 약탈해갔다.

2011년 6월, 한국의 젊은이들이 프랑스를 점령했다. 이날 신문에는 다음과 같이 대서특필됐다.

'코리아, 문화 선진국을 문화로 지배하다. 무엇이 이들을 울렸나? 한국

대중음악이다. 누가 이들을 환호하게 만들었나? 한국 아이돌 가수들이다. 케이 팝 유럽 침공.'

6월 10일과 11일 파리에서 열린 'SM타운 월드투어'가 이틀 동안 1만 4,000명의 관객을 끌어모은 놀라운 흥행을 두고 현지 언론에서 앞다투어 쏟아낸 말들이다. 그들은 K-팝 혹은 팝 장르의 콘서트를 찾는 사람들이 방황하는 10대들이거나 반항아적 상징을 몸 곳곳에 드러내기 위해 코나 귀에 피어싱을 하고 머리는 파랗게, 빨갛게, 노랗게 염색한 사람들일 것이라고 생각했다.

하지만 2019년 6월 방탄소년단의 월드투어 '스피크 유어셀프SPEAK YOURSELF'의 마지막 날 파리 경기장을 가득 채운 사람들은 10대뿐 아니라 30대의 연령대였고, 4050세대도 섞여 있었다. 그리고 대부분 평범하게 보이는 사람들이었다.

한국의 아이돌 가수들은 수만 명의 유럽인을 한데 모아놓고 그들과 음악을 통해 소통할 수 있다는 점을 증명해냈다. 곳곳에서 단절과 반목으로 소통 장애를 호소하고 있는 이때, 그들은 음악으로 세계인과 소통하며 그들을 열광시켰던 것이다.

그들은 군함을 끌고 와서 대포와 총으로 우리를 위협했으나 대한민국 젊은이들은 기타와 목소리만으로 그들을 환호와 탄식의 도가니로 몰아넣었으며 대포와 총으로 파인 상처를 위로와 기쁨으로 돌려주었다.

밥은 펜보다 강하다, 밥보다 강한 것은?

JTBC 드라마 「허쉬」에서 익숙한 듯 낯선 문장이 등장했다. 문장 전반부는 익숙한데 후반부는 분명 처음 듣는 말이다. 머리 주변에 맴돌며 쉽게 떠나지 않는 그런 유의 말이었다.

'펜은 총보다 강하지만 밥은 펜보다 강하다.'

드라마 이야기를 하자는 것이 아니다. 밥 이야기를 하고 싶다. 밥이란 정말 이토록 집요하고 무시무시한 것인가? 밥이 그렇게 강해 보이는 것은 상대적 결핍 때문이다. 세상에 아름다운 것들, 볼만한 것들, 도전할 것들, 나누고 함께할 것들….

이런 것들과 것들 사이사이에서 환희를 느낄 일들이 얼마나 많은데 자신을 누군가와 비교하고 옆 사람 잘되는 것을 기웃거리면서 한탄할 시간이 어디에 있단 말인가? 세상은 생각보다 더디게 변하며 서 있는 제자리를 반 바퀴만 돌아도 밥을 잊게 할 일들은 도처에 깔려 있다.

'끼니는 시간과도 같았다. 굶더라도, 다가오는 끼니는 피할 수 없었다. 끼니는 파도처럼 정확하고 쉴 새 없이 밀어닥쳤다. 끼니를 건너뛰어 앞당길 수도 없었고 옆으로 밀쳐낼 수도 없었다. 끼니는 새로운 시간의 밀물로 달려드는 것이어서 사람이 거기에 개입할 수는 없었다. 끼니는 칼로 베어지지 않았고 총포로도 조준되지 않았다. 전투가 없어도 끼니는 돌아왔고 모든 끼니는 비상한 끼니였다. 겨울은 깊어갔다. 섣달부터는 보릿가루를 물에 타서 저녁을 먹었다.'

- 김훈 『칼의 노래』 중에서

그 시절 이순신이 직면했던 끼니는 절실했다. 정말 사느냐 죽느냐의 문제였고, 눈앞의 적보다도 사나운 것이었다. 그렇다면 이 시대의 끼니와 오늘 우리가 직면한 끼니 사이에는 어떤 차이가 있을까? 그때는 굶기를 밥 먹듯이 했겠지만 요즘은 밥 먹는 것을 굶듯이 한다는 것에서 차이를 찾는다면?

먹고 살기 위해서 일했던 시대가 있었다. 지금도 그렇다고? 꼭 그렇지만은 않다. 지금은 '먹고살기 위해서'라고 하기엔 지나치게 치열하고 지나치게 절실하다. 상대적 개념이 더 강해졌다. 지금은 내가 남보다 더 잘 먹고, 잘살아야 한다. 예전에는 너도나도 잘사는 즉, 우리가 다 잘사는 모습을 기대했다.

옆집 철수네 끼니가 궁금했고 뒷집 영희네 끼니도 걱정됐다. 그래서 내 끼니에서 일부를 떼어 철수네 그리고 영희네와 나눠 먹었다. 요즘 끼니를 나누는 일은 필요도 없고 그럴 생각도 없다. 여차하면 오해를 살 여지도 있다. 먹다 남으면 버릴지언정 나누는 법은 박물관으로 갔다. 굶기를 밥 먹듯이 하면서 말이다.

눈물은 아래로 떨어져도 숟가락은 위로 올라가야 한다고?

세상이 좋아졌다. 단군 이래 이처럼 풍요로운 시대가 있었던가…. 정조는 제주에서 수라상에 오를 전복을 채취하던 해녀가 죽었다는 소식을 듣고 수라상에 전복을 올리지 말 것을 명했다. 요즘 시장에 가면 전복 5~6마리에 1만 원이다. 2마리는 회로 먹고 3마리는 모눈종이처럼 칼집을 내어 버터구이 하고 내장은 전복죽을 끓이면 그야말로 전복 성찬이 된다. 1만 원이면 임금의 수라상을 능가할 정도의 차림을 마련할 수 있다. 이것이 지금 우리 앞에 놓인 밥상이다.

이렇게 잘 먹고 잘사는 우리가 세상에서 제일 빈곤하고 불행하다고 한다. 자신만 보면 되는데 옆 사람을 보니 결핍이 생기기 때문이다. 유령처럼 보이지도 않는 소위, 그 상대라는 것 때문에 내가 불행해야 한다니… 이것처럼 슬픈 일도 없을 것이다.

당당해질 필요가 있다. 나를 불행하게 할 수 있는 것은 나 자신뿐이다. 남이 나를 불행하게 한다는 건 용서할 수 없다. 그러므로 상대적 빈곤감을 떨쳐내야 하는 것도 오직 내 몫이다.

다만 나의 이런 소리도 당신들에게 진정으로 가 닿을 수 있을지 걱정이 된다. 정작 나 자신에게도 말이다. 어릴 때부터 오직 1등을 향해서 노력해온 관성이 아직도 나를 저만치 밀어내는데 말 한마디로 아무렇지도 않게 이를 털어내라고 하니 난감한 일이기도 하다.

"눈물은 아래로 떨어져도 숟가락은 위로 올라가야 하니까"

이런 말도 함께 등장했다. 잘 먹지도 않으면서 먹는 것이 그렇게 절실한 것처럼 말이다. 이는 분명 엄살이고 본질은 상대적 결핍이다.

허구한 날 위만 쳐다보고 한탄할 수는 없는 일이다. 하루에 1g씩만 들어내 버려보자. 우리 자신부터 출발해서 아들딸에게도 1등만 채근하지 말고 온전히 혼자서도 만족하고 행복해지는 법을 알게 해야 한다. 그러기 위해서는 나와 당신들의 생각을 바꿔야 한다.

오늘도 눈을 뜨고 세상에 나아가면 새로운 것들, 아름다운 것들, 편리한 것들이 넘쳐날 것이다. 휘황찬란한 불빛 아래에 빛나고 있는 모든 것들이 언제 보았다고 나에게 속삭인다.

실상 이와 같은 것들은 나에게는 의미 없는 것이다. 토끼에게 스테이크를, 사자에게 샐러드를, 돼지에게 샴페인을 플루트에 담아 대접하는 것과 다름없다. 그런 것들도 꼭 필요할 때가 있을 것이다. 십중팔구 지금은 아니다. 때 이른 집착은 일을 그르치기에 십상이다.

> 너로 말하건 또한
> 나로 말하더라도
> 빈손 빈 가슴으로 왔다 가는 사람이지
>
> 기린 모양의 긴 모가지에
> 멋있게 빛을 걸고 서 있는 친구
> 가로등의 불빛으로 눈이 어리었을까
> 엇갈리어 지나가다
> 얼굴 반쯤 봐버린 사람아

김남조의 '빗물 같은 정을 주리라'의 한 구절이다. 이런 느낌이다. 엇갈리어 지나가다 얼굴 반쯤 봐버린…, 차마 외면하기 어려운 것들, 이렇게 얼핏 보고 지나가기 바란다. 뒤돌아보지 말고, 좁고 어두운 곳에서 숨겨진 한탄을 캐지 말고 넓고 밝은 곳에서 드러난 행복을 줍기 바란다.

각성을 통해 탄생한
명품 라거!

•
•

　"술 많이 마시면 취한다. 맥주도 그렇다." 무심코 한 말이었다. 어떤 상황에서 나온 말인지도 모른다. 수많은 강의 중 준비되지 않은 말이었다. 그런데 어떤 이가 이 말을 기억하고 나에게 돌려주었다. 자신이 들은 말 중 가장 기억에 남는다면서. 고마운 일이다. 아무렇게나 방향도 없이 흩날리던 말이 누군가의 마음에 꽂혔다니….

　맥주 이야기다. 1840년 이전에 플젠 지역에서 생산된 맥주들은 따뜻한 온도에서 발효되는 상면 발효 방식이었다. 에일 맥주다. 그런데 맥주 맛이 별무신통이었다. 각성 운동이 벌어졌고, 생산한 모든 맥주를 플젠 광장으로 집합시켰다. 그리고 쏟아버렸다. 플젠 광장은 온통 맥주로 홍수를 이뤘다. 맥주의 강물, 버려진 맥주의 양은 5,000리터가 넘었다고 한다.

　이후 플젠의 시민들은 좋은 맥주를 만들기 위해 시민 양조장을 만들어 서로 협력하고 독일 바이에른 주에서 맥주 기술자 '요제프 그롤'을 영입하여 차가운 온도에서 발효시키는 '하면 발효 방식'을 개발했다. 우리가 흔히 아는 라거 맥주다. 그는 뮌헨식 라거 양조법을 기반으로 한 보헤미아 자츠Saaz의 홉을 이용해서 1842년 새로운 맥주를 만들어냈다. 이 맥주가 바로 '필스너 우르켈'이고, 현재 내가 가장 좋아하는 맥주다.

맥주의 기본 재료는 보리와 홉 그리고 물과 효모이스트다. 그중 홉은 다양한 향과 쌉싸름한 맛을 더해줄 뿐만 아니라 미생물의 번식을 막는 항균 작용도 한다고 한다.

식민지 시대에 인도를 점령했던 영국 사람들이 영국 맥주가 그리워 어떻게 가져올까 고민을 하다가 홉을 왕창 넣어서 맥주를 상하지 않게 잘 가져올 수 있었기 때문에 그것이 IPAIndia pale ale 스타일의 맥주 기원이 되었다고 한다.

이러한 홉 중에 훌륭한 향기, 균형적인 성분, 보존성, 특정 지방에서만 생산되는 귀한 홉을 노블 홉Noble Hop이라고 한다. 현재 미텔프뤼독일, 자츠체코, 슈팔트독일, 테트낭독일 등 4종의 홉만 인정을 받고 있다. 체코의 홉도 이 노블 홉의 종류로 끼어 있는 것을 보면 독일이 대세이긴 하나 체코 맥주들도 만만치 않음을 보여준다.

이 자츠라는 홉은 체코의 자떼츠 지방에서 재배되는 품종이고, 전 세계의 페일라거와 필스너의 핵심 원료가 된다. 그리고 이 홉이 우리가 알고 있는 필스너 우르켈에 들어가는 홉이다.

빛바랜 일기장이 아닌 행동하는 각성이 필요

플젠의 시민들은 생생한 모든 맥주를 버릴 정도로 좋은 맥주를 만들기 위한 염원이 있었다. 그리고 용기를 내어 기존의 제조 방식을 버리고 새로운 방식을 도입했다. 이것은 용기 있는 도전이다. 그리고 그 프로젝트를 완성하기 위해 경쟁자일 수도 있는 사람들이 협력했다. 그렇게 탄생한 것이 구석구석 편의점, 구멍가게에도 있는 라거 맥주다.

각성이 행동을 만나 빛을 발했다. 각성이 각성으로 끝나면 빛바랜 일기장 같은 추억 외에는 없다. 버려진 맥주가 빗물처럼 하수구를 파고들 때 그들의 눈물도 함께 흘러갔을 것이다. 차디찬 눈물은 맥주 거품에 올라타 하얗게 부서지며 좋은 맥주를 만들겠다고 다짐했다. 강물로 그리고 바다로 흘러가며 눈물과 맥주는 각각의 본성을 완전히 소멸하고 새로운 성질의 것으로 거듭났다. 그사이 각성한 보헤미아 자츠의 홉은 지금까지와는 완전히 다른 맥주의 씨앗이 되었다. 각성이 명품을 창조한 것이다. 우리는, 당신들과 나는 언제 이런 눈물을 흘려보았을까? 각성이 필요한 때다. 빛바랜 일기장이 아닌 행동하는 각성 말이다.

플젠 광장에 들어서니 온통 쌉싸름한 맥주 냄새가 진동했다. 180년이 지났는데도 말이다. 광장은 네모반듯했다. 바닥 표면의 질감은 자연스러웠고 네모반듯하게 썰어놓은 돌들이 열병하듯 단정하다. 쌉싸름한 맥주 내음은 이내 사라졌다. 공동묘지에서 코끝에 스치는 바람처럼 괜한 기운… 그런 것이었다.

누구를 닮으려 말고
그냥 너의 삶을 살아!

●
●

　오래전 일이다. 세어보니 무려 28년 전, 아마도 모처럼 일찍 퇴근하고 집에 들어서니 작은아이가 엄마와 대치 중이었다. 큰아이는 한쪽 구석에서 사태의 진전을 주시하고 있었다. 왜 대치 중이었는지는 기억나지 않는다. 그리고 중요하지도 않다. 엄마와 작은아이 모두 양보할 기미가 없어 보였다. 이럴 때 잘못 끼어들면 화를 당할 수 있는지라 중립을 지키며 큰아이 옆으로 가서 눈빛으로 교감하면서 사태를 관망키로 했다.

　당시 작은아이는 5살이었다. 나름의 논리로 무장한 자기주장이 형성되는 시기라서 고집이 셌다. 싸움은 지리했고 꼬맹이의 고집이 여간 아니다 싶었다. 시간이 갈수록 양자 모두 승리가 절실했다. 여기서 물러서면 명분도 잃고 실리도 잃는 절체절명의 상황이었다.

　마침내 엄마가 마지막 카드를 꺼내들었다. 엄마는 작은아이를 굴복시키고자 자신의 우월한 지위를 이용한 교조적 설득을 펴기 시작했다. 5살 아이가 방어하기에는 실로 버거운 상황이었다. 나는 내심 응원하고 있었다. 이럴 땐 누구나 약자 편을 들고 싶지 않은가? 큰아이도 나와 비슷한 심정이 아니었을까? 이때 작은아이가 엄마를 향해 치명적 일격을 가했다.

"엄마는 엄마 마음만 있고 나는 왜 내 마음이 없어!"

완벽한 논리다. 이 순간만은 유시민이나 전원책과 맞짱 떠서 격론을 벌여도 이길 것 같다. 물론 대통령 후보 토론에 나가도 손색이 없는 수준이다. 전의를 상실한 엄마는 그냥 아이를 안아주고 말았다. 완벽한 1패다.

누구의 삶이 아닌 너의 삶을 살아

작은아이가 중학교 1학년 때였다. 전술한 사건이 5세이므로 이후 약 9년쯤 더 지난 때다. 아침 식탁 자리에 성적표가 올라왔다. 왜 하필 식탁 자리냐고 물었더니 따로 짬이 안 나 여러 차례 기다리던 차에 기회를 엿본 것이란다. 무심히 펼쳐보았다. 아직 중학교 1학년이라서 아이의 성적에 크게 관심을 주지 않았다. 큰아이는 중학교 3학년 2학기 때 막판 뒤집기를 해서 고등학교 시험을 통해 무난하게 진학했다. 그래서 작은아이는 시간적 여유가 많다고 생각했다.

영어 40점, 수학 54점, 국어 55점…. 아무리 무심히 본들 이 정도면 눈이 점점 동그래진다. 100점 만점이 맞나 싶을 정도로 의심스러운 성적이었다. '수능 과목별 배점이 아닌가?' 하는 생각이 들 무렵 가장 아래 칸에 눈에 띄는 점수가 하나 나왔다. 한문 88점이다. 100점 만점이 분명했다. 한문은 퍼뜩 짐작이 가는 부분이 있었다. 어릴 때 서예를 몇 년 공부한지라 아마도… 그 영향이었을 것이다.

침묵이 흘렀다. 밥상머리 침묵이라서 그리 길지는 않았겠지만 단 몇 초의 정적이 네 식구가 정지된 공기를 조심스레 들이마실 정도로는 충분했다. 잠시 후 나는 말했다.

"한 과목에 너무 치중하지 마라."

부모로서 보자면 참으로 대범하고 관대한 처방이 아닐 수 없다. 그리고 나는 이 한마디로 자식의 맥락적 변화가 있을 것이라고 기대했다. 하지만 무모한 기대였다. 그리고 여유는 오래가지 못했다. 작은아이의 성적에 민감해졌고, 아이의 일거수일투족에 관심을 기울이게 되었다.

앞에서 자식을 내 맘대로 할 수 있다는 생각은 욕심이라고 말한 것이 정답이다. 역시나 내 자식도 내 마음대로 되지 않았다. 그리고 곰곰 생각해보니 "누구의 삶도 아닌 너의 삶을 살아라"라고 말하는 것이 정답이었다.

EPILOGUE

더 멋진 순간을 빚어낼
장인의 탄생을 기다리며

저마다 문제를 가지고 있다. 문제없는 사람! 문제없는 기업! 세상에 그런 건 없다. 어쩌면 문제가 있기에 세상은 살 만한 것인지도 모르겠다. 너무 밋밋한 세상을 벌떡 깨우고 충격을 던져주니 말이다.

흔하디흔한 그 문제라는 것, 실체도 없이 떠돌아다니다 사고라도 쳐야 비로소 인식되고 그때야 사후 약방문식의 호들갑을 떨어야 하는 그 문제라는 녀석은 도대체 어디에 살고 있다가 잊힐 만하면 "나 여기에 있었어" 하고 홍길동처럼 나타나는 것일까?

살고 있지 않으면 팥죽 끓일 때 불쑥 터져나오는 거품 방울 같은, 형태를 숨기고 있다가 조건이 형성되면 터지는 그런 것. 아니다. 문제는 존재하는 것도 탄생하는 것도 아니다. 우리가 서 있는 그 자리에서 발견하는 것이다.

사방을 둘러보아도 도대체 문제가 보이지 않는다면? 목표가 없는 것이다. 개인이나 조직 모두 마찬가지다.

그렇다면 목표가 먼저다. 누구나 목표가 있어야 한다. 목표가 없다

270

는 것은 꿈이 없는 삶이다. 영혼이 사망한 것이다. 이제 분명해졌다. 목표가 있으면 문제는 자연스레 도출된다. 목표와 현실의 차이, 바로 이것이다.

문제를 간절히 찾는 자가 바로 혁신가

누가 문제를 발견해야 하는가? 당연, 당사자인 자기 자신이다. 조직이라면 리더, 매니저, 경영자가 될 것이다. 물론 조직 구성원 모두가 참여하면 더할 나위 없이 좋은 일이다.

개인이든 조직이든 그들이 발견한 만큼의 크기가 비전이다. 누구는 높은 곳을 지향하고 누구는 소박한 곳을 바라본다. 그만큼이 그릇이다. 우리는 모두 비전을 향해 가고 있다. 이 길을 우리는 변화와 혁신이라고 부른다.

소망이 사라지면 맹세가 성행한다고… 우리가 가는 이 길이 헛된 맹세가 되지 않기 위해서는 소망이 있는 길을 가야 한다. 소망이 있는 길은 성공의 확신이 있는 길이다. 막무가내로 열심히 하는 것이 아니라 체계적이고 구조적인 접근이 성공 확률을 높일 수 있다.

일하는 방법을 바꿔야 결과가 달라진다

문제가 규정됐으니 이제 일하는 방법이 중요해졌다. 일에는 분명 순서가 있을 것이다. 순서 없이 일하는 것은 그 자체로 두서없는 접근이다. 올바른 일의 순서 즉, 일머리를 알아야 한다. 기둥 먼저 세우고 바닥 기초 작업을 할 수는 없는 일이다.

일의 순서가 첫 번째고 두 번째는 각각의 순서에 맞는 일의 명세를 완벽히 해내는 것이다. 그러기 위해서는 해당 작업을 할 수 있는 도구의 사용에 익숙해야 한다. 땅을 파기 위해서는 삽, 나무를 자르기 위해서는 톱, 나무를 평평하게 다듬기 위해서는 대패, 머리카락을 자르는 가위, 요리하는 칼, 공을 치는 배트, 계산을 위한 계산기, 수술을 위한 메스, 발표를 위한 파워포인트, 문서 작성엔 한글 등 모두가 일을 위한 도구다. 도구 없이 할 수 있는 일은 없다. 하다못해 손발이라도 필요하다.

도구를 수족같이 다루는 자! 그가 장인이다

그렇다면 문제해결을 하는 자는 어떤 도구가 필요할까? 프로세스를 분석하는 프로세스 맵, 현 수준을 조사하는 공정능력분석, 계측기를 검증하는 측정 시스템분석, 우선순위를 조사하는 파레토, 핵심 인자를 찾는 가설검정, 상관 회귀분석, 최적화를 위한 실험계획법, 프로세스의 안정적 운전을 위한 관리도, 통계 처리를 위한 미니탭, JMP, SAS 등 수많은 도구가 필요하고 이런 도구들을 수족같이 자유자재, 적재적소에 활용할 수 있는 자가 문제해결의 고수라 할 수 있다. 물론 그 기저에는 변화와 혁신의 마인드와 문제를 보는 시각과 열정이 수반돼야 함은 당연한 일이다.

장인의 탄생을 기다리며

정리하면 일에는 순서가 있다. 순서가 틀어지면 일은 망친다. 또한, 모든 일에는 적절한 도구가 필요하다. 적절한 도구를 사용하지 않아도 일은 망친다. 우리는 올바른 순서로 때마다 적절한 도구를 자유자재로 사용하는 고수가 필요하다.

장인은 어떻게 만들어지는가?

기본적으로는 훈련이다. 필요한 일의 순서와 방법론, 도구를 습득할 수 있는 교육과 훈련이 필수이다. 다음은 적용해봐야 한다. 적용해보기를 또 적용하는 것이 중요하다. 한두 번 해서 잘할 수 있는 일이 아니다.

또한, 적용해볼 수 있는 운동장이 있어야 한다. 손흥민이 교실에서 축구를 배운 것이 아니다. 운동장에서 끊임없이 땀을 흘린 결과다. 다르지 않다.

혁신의 장인이 되기 위해서는 땀 흘릴 운동장이 필요하다. 그다음은 그의 열정이다. 얼마나 값진 땀을 흘렸는지는 이다음 그의 훌륭한 내공에서 확인될 것이다. 더 멋진 순간을 빚어낼 장인의 탄생을 고대하며….

순간이   묻고
생각이 답하다

초판 1쇄 인쇄 2022년 07월 20일
초판 1쇄 발행 2022년 08월 25일

—

글 박희재

—

발행인 최명희
발행처 (주)퍼시픽 도도

—

회장 이웅현
기획 · 편집 홍진희
디자인 김진희
홍보 · 마케팅 강보람
제작 퍼시픽북스

—

출판등록 제 2014-000040호
주소 서울 중구 충무로 29 아시아미디어타워 503호
전자우편 dodo7788@hanmail.net
내용 및 판매 문의 02-739-7656~7

—

ISBN 979-11-91455-67-0(03190)
정가 16,000원